Peter Joseph Peltzer

Historische und dogmenhistorische Elemente in den apokryphen Kindheitsevangelien..

Peter Joseph Peltzer

Historische und dogmenhistorische Elemente in den apokryphen Kindheitsevangelien..

ISBN/EAN: 9783743463844

Hergestellt in Europa, USA, Kanada, Australien, Japan

Cover: Foto ©Lupo / pixelio.de

Manufactured and distributed by brebook publishing software (www.brebook.com)

Peter Joseph Peltzer

Historische und dogmenhistorische Elemente in den apokryphen Kindheitsevangelien..

Historische und dogmenhistorische

Elemente

in den

apokryphen Kindheits-Evangelien.

Inaugural-Dissertation

zur

Erlangung der theologischen Doctorwürde an der k. Universität Würzburg

von

Peter Joseph Peltzer,

Religionslehrer am Friedrich-Wilhelms-Gymnasium in Cöln.

Würzburg.

Druck von Friedrich Ernst Thein.

1864.

Seinem lieben Oheim

dem

Hochwürdigen Herrn

Ignatius Thelen,

Pfarrer in Lucherberg,

gewidmet.

Vorwort.

Die nachfolgende Abhandlung betrifft einen der merk=
würdigsten Zweige der theologischen Literatur, die sogen.
Apokryphen, und zwar speciell die apokryphen Kindheits=
Evangelien. Wir haben nur die apokryphen Kindheits=
Evangelien mit Ausschluß der sogen. Passions=Evangelien
berücksichtigt, einmal, weil dieselben ein abgeschlossenes
Ganze bilden, und dann, weil die Behandlung sämmtlicher
apokryphen Evangelien uns über die Gränzen des für diese
Arbeit festgesetzten Umfanges hinausgeführt hätte.

Die apokryphen Kindheits=Evangelien sind in mancher
Beziehung höchst interessante schriftstellerische Producte. Her=
vorgegangen, zum Theile wenigstens, aus einer ganz nahe
an die apostolische heranreichenden Zeitepoche, sind sie ein
treuer Spiegel für den Eindruck, welchen die Lehre und

die Thaten Christi auf die Gemüther der jungen Christen gemacht hatten, und zeigen uns, wie das Bild der Person Christi und seiner nächsten Angehörigen auf Erden zuerst durch die Predigt der Apostel in den Geist der ersten Bekehrten eingedrungen war, dann aber von diesen mit Hülfe ihrer Phantasie, oft auf sinn- und kunstreiche, oft auf kindische und kunstlose Weise weiter ausgeschmückt wurde. Daher haben auch die Apokryphen christlichen Künstlern aus allen Jahrhunderten eine Menge von Details und Motiven für die Ausgestaltung ihrer der heiligen Geschichte entnommenen Kunstdarstellungen geliefert (Einleitung § 4) und namentlich können die großen christlichen Dichtungen eines Wolfram v. Eschenbach, Dante, Milton, Klopstock, als die vollendete Form der poetischen Darstellung christlicher Wahrheit und Geschichte angesehen werden, von welcher wir in den Apokryphen nur die ersten Versuche, die Stufe der Kindheit mit aller dem Kindesalter eigenen Naivetät und Unverständigkeit erblicken. Die Darstellung des Zusammenhanges der gesammten christlichen Kunst mit den Apokryphen überhaupt und namentlich mit den apokryphen Kindheits-Evangelien wäre eine ungemein anziehende Arbeit.

Wir haben indeß die Apokryphen nicht in ihrem Einflusse auf die christliche Kunst, sondern in ihrer noch wichtigeren Beziehung zur christlichen Geschichte und Lehre zu würdigen gesucht. Damit haben wir nicht eine bloße Schulfrage behandelt, die nur als Uebung des Geistes ein rein wissenschaftliches Interesse hätte; sondern unsere Untersuchung hat für den Katholiken eine entschieden praktische Bedeutsamkeit. Die Apokryphen sind vielfach mißbraucht worden, um die historischen Quellen des Christenthums, um specifisch katholische Lehren und Institutionen zu verdächtigen. Darum haben wir in unserer Arbeit diesen Verdächtigungen gegenüber die apologetische Tendenz vorherrschen lassen. Hoffentlich ist es uns gelungen, zu beweisen, daß die Apokryphen den Katholiken in seinen Ueberzeugungen nicht beirren können, daß sie vielmehr dem katholischen Glauben und seinen echten göttlichen Quellen zum Zeugnisse dienen. Darum glauben wir für unsere Arbeit das Interesse, und weil sie, wenigstens in der zusammenhängenden Behandlung dieses Gegenstandes, sich nicht an andere Arbeiten anschließen konnte, auch die Nachsicht der Leser erwarten zu dürfen. —

Würzburg am Tage Mariä Geburt 1864.

Inhalt.

Einleitung.

		Seite
§ 1.	Begriff und Ursprung der Apokryphen	1
§ 2.	Ausgaben apokrypher Evangelien und andere Schriften darüber . . .	4
§ 3.	Kurze Inhaltsangabe der apokryphen Kindheitsevangelien	7
§ 4.	Wichtigkeit ihres Studiums	8

Erster Abschnitt.

§ 5. Streitet das Vorhandensein von apokryphen Evangelien gegen die Wahrheit der in den kanonischen Evangelien enthaltenen Thatsachen? . . 13

Zweiter Abschnitt.

§ 6. Gibt es in den apokryphen Evangelien eigenthümliche, über die Berichte der canonischen Evangelien hinausgehende historische und dogmenhistorische Elemente? 27

Erster Theil.

§ 7. Das Urtheil der Päbste und kirchlicher Schriftsteller über die apokryphen Evangelien? 28

Zweiter Theil.

§ 8. Positive Argumente für das Vorhandensein historischer und dogmenhistorischer Elemente in den apokryphen Evangelien 40

Dritter Abschnitt.

§ 9. Einzelnes Historische und Dogmenhistorische in den apokryphen Kindheits-Evangelien 53

Erster Theil.

§ 10. Was hat die katholische Kirche in ihren Lehren und Gebräuchen mit den apokryphen Kindheits-Evangelien Uebereinstimmendes? 54

Zweiter Theil.

§ 11. Sonstige für zuverlässig anzusehende Berichte aus den apokryphen Kindheits-Evangelien (historisch und dogmenhistorisch) 83

Anhang.

§ 12.	Einige schöne Stellen aus den apokryphen Kindheitsevangelien . . .	99
§ 13.	Schluss	102

Einleitung.

§ 1. Begriff und Ursprung der apokryphen Schriften.

Unter Apokryphen [1] verstehen wir eine Reihe von theils verloren gegangenen, theils noch vorhandenen schriftstellerischen Producten, welche nach Titel und Inhalt das Ansehen von canonischen Schriften beanspruchen, ohne als solche von der Kirche jemals angesehen und aufgestellt worden zu sein. [2] Apokryphe Schriften — als Nachbildungen von canonischen — sind fast von allen Büchern alten und neuen Testamentes verfaßt worden; daher unterscheiden wir Apokryphen des Alten und Neuen Testamentes. Beide sind entweder geschichtlichen, wenigstens vorgeblich geschichtlichen oder bibactischen oder prophetischen Inhalts, indem sie den geschichtlichen Theil der canonischen Schriften weiter führen und durch eine Menge von concreten Zügen illustriren, oder irgend eine religiöse Lehre vortragen oder die Weissagungen des Alten und Neuen Testamentes mit neuen bereichern. Sieht man auf die Absicht, in der die Apokryphen geschrieben wurden, so lassen sich dieselben ferner eintheilen in unverfängliche, welche in redlicher Meinung von rechtgläubigen Juden oder Christen verfaßt sind, und in solche, deren Verfasser durch diese Schriften häre-

---

[1] Ueber das Wort „ἀπόκρυφα" siehe Freib. Kirchen-Lex. I. Bd. S. 325 folg.

[2] Die Protestanten nennen gewöhnlich die deuterokanonischen Theile der heil. Schrift Apokryphen, und die eigentlichen Apokryphen ψευδεπίγραφα d. h. Schriften mit einem Titel, der einen erlogenen Namen trägt. Da mehrere Apokryphen auf dem Titel keinen Verfasser nennen, ist die Bezeichnung nicht immer zutreffend.

tische Tendenzen verfolgten. Indem wir die Apokryphen der zweiten Art hier übergehen, lassen wir einige der wichtigsten alttestamentlichen Apokryphen der ersten Art folgen:
1) das dritte und vierte Buch Esdras;
2) das Gebet Manasses (vergl. 2. Paralip. 33, 18 u. 19), alle drei lateinisch im Anhange der Vulgata;
3) das Buch Henoch [1] (vgl. Judas 14);
4) der 151te Psalm (nach dem Siege Davids über Goliath);
5) Achtzehn angeblich salomonische Psalmen;
6) Testamente der zwölf Patriarchen. — Ermahnungen und Belehrungen, welche die zwölf Söhne Jacobs vor ihrem Lebensende ihren Kindern ertheilen.

Mit besonderer Ausführlichkeit ist das Testament Josephs geschrieben; es enthält sehr schöne Züge von Josephs brüderlicher Liebe und Hingebung.[2] Daher mögen hier ein paar Stellen daraus mitgetheilt werden. Wo Joseph von den Schicksalen seines vergangenen Lebens spricht, heißt es u. A.:

„An dem Abende des Tages, da ich von meinen Brüdern verkauft wurde, frugen mich die Ismaeliten, wer ich sei, und, um meine Brüder nicht anzuklagen und in schlechtes Licht zu stellen, antwortete ich: ich sei der Sclave derselben. Darauf sieht mich der Anführer der Truppe an und sagt: Du warst nicht ihr Sclave, dein Gesicht straft dich Lügen, und er drohte mir mit dem Tode, wenn ich nicht die Wahrheit bekännte. Ich war ihr Sclave, antwortete ich und schwieg."

An einer andern Stelle, da er seine Söhne zur Keuschheit ermahnt, macht er eine ausführliche Schilderung von der leiden-

---

[1] Ein nach Form und Inhalt gleich abenteuerliches Machwerk, worin angebliche Engeloffenbarungen enthalten sind über die Geheimnisse der Engel- und Menschen-Geschichte, des Himmels und der Hölle, des Paradieses und der Erde, der Wunderbäume und der Wunderthiere ꝛc. Kirchen-Lex. 1. Bd. S. 336.

[2] St. Marc Girardin (Hauptmitarbeiter am Journal des Débats) führt Stellen daraus an in seinen „essais de litérature et de morale" (1845 tom. II. pag. 109—141), über die er sich sehr günstig ausspricht.

schaftlichen Zuneigung, welche die Frau des Putiphar zu ihm gehabt habe.

„Wie oft drohte sie mir mit dem Tode! hatte sie dann kaum Befehl gegeben zu meiner Bestrafung, so nahm sie ihren Befehl zurück und rief mich wieder zu sich, um mir aufs Neue mit Drohungen zuzusetzen." „Du sollst mein Gebieter sein," sprach sie, „der Eigenthümer all' meiner Güter, mein Herr und König. Ich aber gedachte der Gesetze meiner Väter, ging auf mein Zimmer, betete und fastete.

Eines Tages sagte sie zu mir: Du willst mich nicht lieben? nun! so werde ich meinen Mann um's Leben bringen und dich dann heirathen. Da ich solche Worte hörte, zerriß ich im tiefen Schmerzgefühl meine Kleider und erwiderte: Weib! fürchte den Herrn und verübe nicht diese entsetzliche That; richte deine Seele nicht zu Grunde; wenn du deinen bösen Plan ausführst, so werde ich dich verrathen. Dann bat sie mich flehentlich, ihre böse Absicht nicht zu verrathen und ging weg. Um mich zu versöhnen, schickte sie mir bald darauf Geschenke. Wenn ihr Mann sie so niedergeschlagen antraf und über ihr trauriges Aussehen befragte, gab sie zur Antwort: Meine Brust thut mir weh, ich leide an Athmungsbeschwerden. Kaum war ihr Mann weg, so lief sie zu mir; wenn du mich nicht liebst, so erwürge ich mich, springe in einen Brunnen oder stürze mich in einen Abgrund hinein. Ich sah sie an: sie war von einem bösen Geiste besessen. Ich betete zu Gott und sagte zu der ägyptischen Frau: du bist verwirrt und außer dir, deine Leidenschaft verblendet dich; bedenke doch, wenn du dich umbringst, so wird Setho, die Geliebte deines Mannes, deine Kinder tödten und das Andenken an dich in deinem Hause zerstören. O, erwiderte sie, du liebst mich doch, da du Antheil nimmst an meinem Leben und an meinen Kindern." [1]

---

[1] Diese Stelle möge auch meiner obigen Behauptung zur Bekräftigung dienen, daß nämlich die Aprokryphen die einfachen Thatsachen der kanonischen Schriften,

1*

Nach Anführung dieser **Probe** aus einer apokryphen Schrift des Alten Testaments wenden wir uns zu den Apokryphen des Neuen Testaments. Von sämmtlichen Theilen desselben gibt es apokryphe Nachbildungen, also

1) apokryphe Evangelien,
2) „ Apostelgeschichten,
3) „ Briefe der Apostel,
4) „ Apokalypsen.

Wir betrachten hier mit Uebergehung der drei letzten Classen nur die apokryphen Evangelien; und zwar ist unsere Absicht, über einen Theil derselben — die sogenannten Kindheitsevangelien — die Untersuchung anzustellen, ob in ihnen historische und dogmenhistorische Elemente anzutreffen sind. Ehe wir an diese Frage selbst gehen, möge man uns in ein paar folgenden Paragraphen einige vorbereitende Bemerkungen gestatten.

§ 2. Ausgaben apokrypher Evangelien.

Im Jahre 1832 erschien zu Leipzig von Johann Carl Thilo, (damals) Professor der Theologie in Halle, der erste Band einer kritischen Ausgabe der neutestamentlichen Apokryphen, die apokryphen Evangelien enthaltend. Das Werk war auf drei Bände berechnet; leider ist aber dem ersten Bande kein neuer nachgefolgt: der im Jahre 1853 verstorbene Verfasser ist durch den Tod an der Vollendung seines Werkes gehindert worden. Ohne Zweifel ist diese Schrift Thilo's das bedeutendste Werk in der Apokryphenliteratur. Es zeichnet sich aus durch die ungemein große Sorgfalt, mit der die Texte nach Handschriften revidirt sind, durch einen reichhaltigen bibliographischen und literarischen Apparat, durch gründliche kritische Einlei-

---

von denen sie ausgehen, durch mancherlei concrete Züge illustriren; Joseph, von seinen Brüdern verkauft, in Putiphar's Hause seine Standhaftigkeit bei den verführerischen Nachstellungen der Frau des Putiphar — das sind die einfachen Berichte der Genesis, die uns hier, was die Personen und Situationen anlangt, mit bramatischer Anschaulichkeit vorgeführt werden.

tungen und Erörterungen; mehreres in dieser Sammlung ist neu, z. B. historia Josephi, historia de nativitate Mariae etc. Die Prolegomena enthalten eine ausführliche Untersuchung über die Codices, die bisherigen Ausgaben und die Uebersetzungen der apokryphen Evangelien. Vor Thilo waren bereits mehrere Sammelwerke der Apokryphen erschienen; das bemerkenswertheste von Johann Albert Fabricius: „Codex apocryphus novi Testamenti collectus, castigatus testimoniisque censuris et animadversionibus illustratus", Hamburg. 1703, in 2 Bänden, welche 1719 in neuer Auflage und mit einem neuen Bande vermehrt erschienen. Der erste Band enthält die apokryphen Evangelien mit schätzbaren bibliographischen und kritischen Bemerkungen versehen.

Das Werk von Fabricius dient allen spätern Ausgaben der Apokryphen zur Grundlage: die Ausgaben von dem Engländer Jeremiah Jones, dem Dänen Andreas Birch u. A., selbst die von Thilo haben von Fabricius eine Menge Noten exegetischen, dogmengeschichtlichen und archäologischen Inhalts entlehnt. Nach Thilo gab 1853 Constantin Tischendorf eine neue Sammlung apokrypher Evangelien heraus; außer den von Thilo bereits zusammengestellten enthält dieselbe noch einige bis dahin unedirte, welche Tischendorf auf seinen Reisen gefunden hat.

Eine französische Uebersetzung der apokryphen Evangelien nach der Ausgabe Thilo's erschien 1863 zu Paris von Gustave Brunet in zweiter Auflage. Neben den mit Anmerkungen versehenen Evangelien enthält das Buch auch einige Bruchstücke aus den alttestamentlichen Apokryphen mit kritischen Bemerkungen versehen, dazu noch Bemerkungen zu dem berüchtigten Schmählibell „Toldoth Jeschu," worin der Haß der Rabbiner über den Gesalbten des Herrn Gift und Galle speit, und u. A. in der Lästerung über Jesu angemaßtes Priesterthum und den Abfall des Paulus sich Luft macht.

Gehen wir nach dieser kurzen Aufzählung der wichtigsten Ausgaben der apokryphen Evangelien zu diesen selbst über!

Die von Thilo zusammengestellten Kindheitsevangelien sind folgende:

1) Protevangelium Jacobi minoris 25 Capitel. Verkündigung der Geburt Mariä bis zum bethlehemitischen Kindermorde, griechisch und lateinisch vorhanden, Thilo cod. apoc. T. I p. 159—273.
2) Historia de nativitate Mariae et infantia salvatoris 24 Capitel, Ankündigung der Geburt Mariä bis zur Ankunft der heil. Familie in Egypten, nur lateinisch. Thilo 337—400.
3) Evangelium de nativitate Mariae 10 Capitel. Ankündigung nativitatis Mariae bis zur Geburt Christi lateinisch. Thilo 317—336.
4) Historia Josephi fabri lignarii. 32 Capitel. Lebensgeschichte Joseph's bis zu dessen Tod, ist arabisch geschrieben und noch arabisch vorhanden. Thilo, 1—61.
5) Evangelium infantiae Salvatoris. 55 Capitel. Geburt Jesu bis zu dessen Aufenthalt im Tempel, arabisch. Thilo, 63—131.
6) Evangelium Thomae Israelitae. 19 Capitel. Vom 5. bis 12. Jahre Jesu, griechisch und lateinisch, Thilo, 275—315.

Hiezu kommen noch drei von Tischendorf aufgefundene Kindheitsevangelien, nämlich:

7) Evangelium Mathaei hebraice scriptum etc. 42 Capitel. Tischendorf, p. 50—105.
8) Evangelium de pueritia Jesu secundum Thomam, Tischendorf, 156—170. 15 Capitel, ist in einigen Puncten von Nr. 6 verschieden.
9) Syngramma Thomae, griechisch. Tischendorf, 150—155. 11 Capitel.

Die vorstehenden Kindheitsevangelien haben wir in der folgenden Abhandlung hauptsächlich im Auge. Weitere allgemeine Bemerkungen über sämmtliche apokryphische Evangelien finden sich im Freiburger Kirch.-Lex., erster Band, Seite 346—350. (Movers.)

Für das Studium der apokryphischen Evangelien sind folgende Bücher von großer Wichtigkeit. — Wir führen dieselben hier an, weil später öfters darauf Bezug genommen wird.

1) De evangeliorum apocryphorum origine et usu scripsit Tischendorf, P. P. O. Hagae comitum 1851 — eine

von der „Haagergesellschaft" preisgekrönte Abhandlung — enthält neben vielem Trefflichen auch unmotivirte Ausfälle auf katholische Institutionen, die wir später näher bezeichnen und zurückweisen werden.

2) Das Leben Jesu, nach den Apokryphen im Zusammenhange aus den Quellen erzählt und wissenschaftlich untersucht von Rudolph Hofmann, Leipzig 1851 — eine sehr fleißige Arbeit, in welcher das reiche Material der apokryphen Evangelien zur Darstellung des Lebens Jesu in 104 Paragraphen klar und übersichtlich geordnet ist; jedem Paragraphen folgen sehr ausführliche (durch den kleineren Druck hervorstechende) kritische Bemerkungen, welche für die große Ausdauer des Verfassers im Herbeisuchen von Citaten Zeugniß ablegen; ein großer Theil dieser Citate ist dem Codex apocr. von Thilo entnommen, jedoch bei Hofmann leichter aufzufinden. Auch Hofmann sucht, wie Tischendorf, aus der Betrachtung der Apocryphen und aus ihrer Vergleichung mit katholischen Lehren und Institutionen sich in seiner Ueberzeugung von der Reinheit der protestantischen Lehre gegenüber der katholischen in einer gegen letztere unbilligen Weise zu bestärken. Näheres im Verlaufe unserer Abhandlung.

3) De evangeliorum apocryphorum in Canonicis usu historico critico exegetico scripsit Frideric. Jul. Arens, Gottingae 1835, eine gekrönte Preisschrift.

§ 3. Kurze Inhaltsangabe der apokryphen Kindheitsevangelien.

Dieselben geben Nachrichten über die Vorfahren Jesu, insbesondere sprechen sie ausführlich von den Eltern Maria's, die sie Joachim und Anna nennen, über deren lange Kinderlosigkeit, ihre dadurch bewirkte Betrübniß, ihre Gebete und Opfer für Erlangung von Nachkommen, über die Ankündigung der Maria durch verschiedene Engelserscheinungen, Geburt Maria's, ihre Darbringung in den Tempel, ihren Aufenthalt daselbst, ihre Verlobung mit Joseph, dem ein ganzes Evangelium gewidmet ist; ferner berichten die apokryphen Evangelien über die Ereignisse von der Verlobung Maria's mit Joseph bis zur Geburt Jesu im Anschlusse an die Berichte der canonischen Evangelien, jedoch mit allerlei apokryphen Zusätzen; sodann erzählen sie, was sich nach der Geburt Jesu in Bethlehem zutrug, die Beschneidung Christi, seine Darstellung im Tempel, den Kindermord des Herodes, Rettung Johannes des Täufers, Ermordung des Zacharias im Tempel, die Flucht nach Egypten und eine Menge von wunderbaren Begebenheiten während des Aufenthaltes daselbst, die Rückkehr der heiligen Familie aus Egypten nach Nazareth, das Leben Jesu daselbst im Hause seiner Eltern, in der Schule, im Umgange mit seinen Spielgenossen, endlich seine Reise nach dem Paschafest in Jerusalem und die im Tempel nach der Abreise seiner Eltern mit Gelehrten verschiedener Facultäten geführten Gespräche, seine Rückkehr nach Nazareth, — kurz: die apokryphen Evangelien haben zur Grundlage die einfachen Berichte der canonischen Evangelien und liefern eine Ergänzung zu dem, was in den canonischen Evangelien lückenhaft geblieben oder gänzlich übergangen ist.

§ 4. Wichtigkeit des Studiums der apokryphen Evangelien.

1) Da ein großer Theil dieser schriftstellerischen Producte aus den ältesten Zeiten des Christenthums herstammt: so ist schon deßhalb die Wichtigkeit derselben für den Archäologen nicht zu bezweifeln, da dieser ganz gewiß eine Menge von Notizen in ihnen finden wird, die ihm zur Erforschung der religiösen und anderer Verhältnisse in den ersten christlichen Zeiten höchst förderlich sind.

2) Ist ihre hohe Bedeutung für die Kritik und Exegese der canonischen Schriften anerkannt.[1]

3) Auch sind die apokryphen Evangelien unverwerfliche Zeugen,

---

[1] Zahlreiche Beweise hiefür in den § 2 angeführten Schriften von Tischendorf „de evangeliorum &c." und Arens.

selbst da, wo sie Fabeln und abenteuerliche Geschichten erzählen, für den Eindruck, den die christliche Geschichte und Lehre auf die Gemüther der damaligen Menschen machte. In jenen Märchen zeigt sich freilich oft Kindisches und Geschmackloses; aber viele derselben sind auch voll Anmuth und Lieblichkeit, voll frommer und kindlicher Poesie, würdig, dem Schönsten, was die religiöse Poesie aller Zeiten hervorgebracht hat, an die Seite gestellt zu werden, gleichsam Vorläufer der großen christlichen Dichtungen eines Wolfram von Eschenbach (Graal), Dante, Milton, Klopstock. Die poetische Bedeutsamkeit der apokryphen Evangelien hebt Sepp in beredten und schwungvollen Worten hervor, die wir uns hier anzuführen nicht versagen können:[1]

„Uns sind jene Mythen das sangvolle Echo der göttlichen Stimme, die in den Gemüthern der verschiedenen Völker im Umlauf aus den Evangelien wieder geklungen und in Poesie ihre Verklärung gefunden haben. Sie sind die melodische Musik, wobei die Sterblichen zuerst den Wundertönen aus den Sphären, den Gesängen der Engel an der Krippe des Erlösers ihr Ohr geliehen, und das himmlische Lied in menschlichen, zuweilen kindischen Variationen, und, ohne weiter die Harmonie einzuhalten, für sich selber nachgespielt und nachgelallt haben. Sie sind die farbigen Lichtbilder, die in den Zerstreuungskreis der Wahrheit fallen, in dem das Licht der Geschichte sich im Prisma vielseitiger Anschauungen gebrochen, und in mannigfaltige Schattirungen aufgelöst hat . . . . sie sind wie St. Elmsfeuer, das hier um den hervorragenden Mast des Schiffleins Petri auf- und niederspielt. Sie sind der fliegende Sommer, der sich an die himmelhohen Erscheinungen anhängt, worauf die Augen der Welt gerichtet sind, oder gleichen dem fremdartigen Blüthensamen, den der Wind bis zu den höchsten

---

[1] Das Leben Christi von Sepp V. Bd. (der mythische Christus) S. 228.

Felsen fortführt, und sie mit oberflächlichem Grün überzieht
. . . hier gewahren wir Märchen und sagenhafte Erzählungen, wie sie oft unschuldig der **Volksgeist** ausgedichtet, die jedoch alle nicht entstanden wären, wenn der geschichtliche Moment, d. h. hier die wunderbare Erscheinung des Gottessohnes ihnen nicht als Gewißheit vorgeleuchtet hätte.[1]

4) Auch sind die Apokryphen von großem Einflusse gewesen auf die spätere Entwickelung der verschiedensten Künste, wie der Dichtkunst, so auch der Malerei, der Sculptur u. a., beispielsweise sei erinnert an die Thiere im Stalle der Geburt Christi, an den hl. Joseph, abgebildet als Greis mit grünendem Stabe in der Hand, an den alten Simeon in priesterlichen Kleidern, das von dem neugebornen Weltheilande ausgehende Licht (Correggio: „die heilige Nacht“) u. s. w. Wer also von den apokryphen Evangelien keine Notiz nimmt, verzichtet auf die Möglichkeit, die christliche Kunst in ihren Ursprüngen kennen zu lernen.

---

[1] Auch Brunet drückt sich in der Vorrede seines § 2 erwähnten Buches hierüber ähnlich aus: „.... Monuments des plus curieux, témoins irrécusables du mouvement des esprits à une époque particulièrement digne d'attention, ces récits, ces légendes naïves sont dignes souvent d'être comparés à ce que la poësie de tous les ages offre de plus beau. . . . . . nous le redirons avec M.′ Dohaire: „„Les légendes des cycles évangéliques sont de simples traditions trop crédules, souvent trop puériles; mais à chaque page brillent la candeur et la bonne foi. Dans ces narrations familières, dans ces anecdotes contées au foyer domestique, sous la tente, à l'ombre des palmiers, au pied desquels s'arrête la caravane, le tableau des moeurs populaires de l'église primitive se déroule en toute sincérité; l'âme et la vie de la nouvelle société chrétienne sont là, et elles y sont tout entières. Ces récits sont maintes fois d´nués de vraisemblance, nous en convenons: ils manquent d'exactitude historique; la chose est certaine quant à de nombreux détails; mais les usages, les pratiques, les habitudes, les opinions, dont ils conservent les traces, voilà ce qui réunit le mérite de l'intérêt à celui de la fidélité."" Ces légendes étaient les poèmes populaires des premiers néophytes du culte nouveau; la foi et l'imagination les embellissaient sans cesse; l'on y rencontre encore des lambeaux reconnaissables de compositions en vers et qui étaient certainement chantées."

5) Uns kommt es darauf an, eine weitergehende Wichtigkeit der apokryphen Evangelien nachzuweisen, die nämlich für die Geschichte und Dogmengeschichte. Wir behaupten nämlich, daß dieselben auch zuverlässige geschichtliche und dogmengeschichtliche Elemente enthalten.

Es sind uns also die apokryphen Evangelien nicht bloße poetische Producte, nicht bloße Fabeln, hervorgegangen aus orientalischer Wundersucht, aus Vorliebe zum Abenteuerlichen oder aus einem „sich früh schon in der Kirche einstellenden Mönchsgeiste, der das reine und lautere Wort Christi durch ungeziemende Zuthaten verunstaltet und zu uneblen und eigennützigen Zwecken gefälscht habe." Wenn wir nun nicht alle Berichte in den Apokryphen für pures Spiel und Product zügelloser Phantasie halten, so sind wir jedoch weit entfernt davon, zu verlangen, daß man die apokryphen Angaben allzu leichtgläubig mit Hintansetzung der für geschichtliche Forschung geltenden Regeln hinnehmen solle.

Die Untersuchung über das Vorhandensein von geschichtlichen und dogmengeschichtlichen Elementen in den Apokryphen hat für den Katholiken eine sehr ernste practische Seite, weil von protestantischen Schriftstellern, welche über den in Frage stehenden Gegenstand handeln, aus den Apokryphen Veranlassung genommen wird zur Verdächtigung katholischer Lehren und Institutionen, insofern man diese aus Apokryphen und daher trüben und unlautern Quellen hervorgegangen sein läßt. So sind nach Tischendorf eine Zahl von Marienfesten, sowie der Marien- und Heiligencult überhaupt, auch die Lehre von der Virginität Maria's, apokryphen Ursprungs, und Hofmann verschmäht es nicht, an vielen Stellen, wo er aus den Apokryphen Sinn- und Geschmacklosigkeiten hervorhebt, die katholische Kirche anzuklagen, daß sie dieselben entweder leichtfertiger Weise adoptirt oder gar noch übertrieben habe.[1]

---

[1] Wir werden unten diese Anklagen von Tischendorf und Hofmann wörtlich anführen. So lange Tischendorf solche Ansichten über die katholische Kirche behält, wird an die Erfüllung des Wunsches Sr. Heiligkeit Pabst Pius IX., Tischendorf

Hat also die katholische Kirche Lehren und Gebräuche, welche mit apokryphen Angaben übereinstimmen, und enthalten die Apokryphen gar kein zuverlässiges geschichtliches und dogmengeschichtliches Material, so würden allerdings die der Kirche gemachten Vorwürfe begründet sein; daher sagten wir oben, unsere Untersuchung hierüber habe für den Katholiken eine ernste practische Seite.

Wir hoffen also im Folgenden den Nachweis zu führen, daß die Apokryphen wirklich zuverlässige Mittheilungen enthalten, und werden dann versuchen, nachdem im Allgemeinen die Richtigkeit unserer Thesis festgestellt ist, im Einzelnen die uns zuverlässig scheinenden historischen und dogmenhistorischen Mittheilungen der apokryphen Evangelien herauszuheben; vorher jedoch halten wir es für angemessen, die Meinung derer zu besprechen, welche so wenig in den apokryphen Evangelien historische Wahrheit annehmen, daß sie sogar behaupten, die Falschheit und Mythenhaftigkeit der apocryphen Evangelien lasse einen Schluß zu auf die gleiche Beschaffenheit der canonischen Evangelien; mit anderen Worten: es gäbe keinen Unterschied zwischen apokryphen und canonischen Evangelien, und beide berichteten nicht geschichtliche Thatsachen, sondern Sagen und Mythen.

Dem Gesagten zufolge werden wir also drei Fragen zu beantworten haben:
I. Streitet das Vorhandensein von apokryphen Evangelien gegen die Wahrheit der in den canonischen Evangelien erzählten Thatsachen?
II. Gibt es in den apokryphen Evangelien eigenthümliche, über die Berichte der canonischen Evangelien hinausgehende historische resp. dogmenhistorische Elemente?
III. Welches sind diese historischen oder dogmenhistorische Elemente im Einzelnen?

---

unter seinen Söhnen zu zählen, nicht zu denken sein. Bekanntlich drückte Pius IX. diesen Wunsch in dem Danksagungsschreiben aus, welches er an Tischendorf für das ihm von demselben zugesandte Exemplar des sinaïtischen Codex richtete.

Erster Abschnitt.

§ 5.

Die Frage, die wir in diesem Abschnitte zu beantworten haben, ist diese: „Streitet das Vorhandensein von apokryphen Evangelien gegen die Wahrheit der in den canonischen Evangelien erzählten Thatsachen?"

Diese Frage ist bekanntlich von den Vertretern der sogenannten mythischen Auslegung der hl. Geschichte, insbesondere von de Wette und David Strauß mit Ja beantwortet worden.[1] Beide erklären die Geschichte des alten und neuen Testaments, namentlich in den angeblichen göttlichen Offenbarungen und Wundern für Mythen oder Volkssagen, welche das jüdische Volk in Beziehung auf Moses und die ersten christlichen Gemeinden in Beziehung auf Christus denselben beigelegt und erdichtet hätten zu dem Zwecke, unter dieser Hülle von Wundern und übernatürlichen Dingen ihre eigenen religiösen Ideen auszudrücken und auszubreiten, so daß also Aufgabe des Exegeten wäre, von jenen Berichten die Hülle des Wunderbaren abzustreifen, um dadurch den realen Kern der bei den Juden und Christen geltenden religiösen Gedanken an's Licht zu stellen.[2]

---

[1] Strauß, Leben Jesu. Tübingen 1835. 2 Theile. — De Wette, Beiträge zur Geschichte des A. T's. 1806. — Vor einigen Monaten ist von Strauß eine Bearbeitung des „Lebens Jesu" für das deutsche Volk erschienen (Leipzig 1864).

[2] De Wette, Beitr. z. Gesch. des A. T. S. 103, 107, 399, findet in Abraham nicht eine historische Person, sondern das Ideal der Religiösität, und in Moses das Ideal eines theokratischen Herrschers; und Strauß, 2. Th. S. 768, unter dem Tode Christi die Idee der Negation der Natürlichkeit und Sinnlichkeit, welche selbst Negation des Geistes ist, also der Tod Christi ist nach ihm die Negation der Negation.

Zur Begründung dieser Auffassung wird angeführt, daß auch andere heidnische Völker ihre mit der jüdischen und christlichen „sogenannten" Offenbarungsgeschichte sehr übereinstimmende Mythologie gehabt haben.[1]

Da nun, was sie selbst gestehen, die biblischen Geschichten keine Mythen sein können, wenn ihre Verfasser gleichzeitig mit den erzählten Begebenheiten gelebt haben und selbst mithandelnd gewesen sind, so werden der Pentateuch, die Evangelien und die Apostelgeschichte für unecht erklärt, d. h. es wird behauptet, sie seien nicht von den Verfassern geschrieben, deren Namen sie tragen, sondern ihre Abfassung falle in eine spätere Zeit, und ihre Verfasser seien später lebende Personen gewesen, die ihre Angaben aus den Volkssagen und aus ihrer eigenen Phantasie geschöpft hätten.[2]

In Betreff der Evangelien wird dann weiter argumentirt: anerkannterweise hat es falsche Evangelien späteren Ursprungs und erdichteten Inhaltes in Menge gegeben, warum sollen nicht auch die bisher als echt angesehenen sogenannten canonischen Evangelien Erfindung

---

[1] Strauß, Leben Jesu 1. Th. S. 3 u. 72. — De Wette, Beitr. 1. Th. S. 5, 8, 135 ꝛc.

[2] Ernst Renan in seinem Leben Jesu weicht hierin von Strauß ab, indem er die Ev. (so ziemlich) als authentisch gelten läßt; Strauß in seinem neuen „Leben Jesu", Vorrede S. 20, sagt von diesem Werke seines Collegen Renan: „man mag an diesem schnell berühmt gewordenen Buche aussetzen, so viel man will, ein Buch, das, kaum hervorgetreten, bereits von ich weiß nicht wie viel Bischöfen und von der römischen Curie selbst verdammt worden ist, muß nothwendig ein Buch von Verdienst sein; es hat seine Fehler, aber nur einen Grundfehler." Offenbar besteht dieser Grundfehler in Renan's Ansicht von der Authenticität der Evangelien; diese erschwert ihm allerdings wesentlich das Unternehmen, aus den Evangelien das Uebernatürliche zu entfernen, und wird die Ursache von seinen manchmal wahrhaft monströsen Behauptungen. Ich erinnere beispielshalber an seine Auslegung der Auferweckung des Lazarus, der Speisung der 5000, an seine Ansicht über das Motiv des Johannes bei Abfassung seines Evangeliums (gekränkter Ehrgeiz), an die Behauptung, daß nur bei Johannes Jesus sich den Sohn Gottes nenne u. s. w. (Die beiden letzten Punkte sind freilich die Folge von seinen eigenthümlichen, barocken Ansichten über die einzelnen Evangelien.)

und Erdichtung einer späteren Zeit sein? (Strauß 1. Theil S. 82, 86, 112.) Die Lösung dieser Frage in bejahendem Sinne macht man sich dann dadurch außerordentlich leicht, daß man die **äußern Gründe** für die Echtheit der historischen Schriften des neuen Testaments auf Grund unerwiesener Verdächtigungen und haltloser Hypothesen verwirft, und darauf durch sogenannte innere Gründe d. h. angebliche Widersprüche der einzelnen Bücher unter sich und mit andern die Unechtheit zu beweisen sucht. Diese Mythentheorie hat zahlreiche Widerlegungen erfahren, z. B. von Hengstenberg, Neander, Tholuck, Ullmann, Sepp u. A. Vorzugsweise nennen wir als Gegner der Strauß'schen Lehre den eben so gelehrten als scharfsinnigen Hug, welcher in einer Reihe von Aufsätzen in der Freiburger theol. Zeitschrift 1840—1843 sein berühmtes „Gutachten über das Leben Jesu von Strauß" abgibt. In all diesen Widerlegungen ist auf glänzend siegreiche Weise die Authenticität der hl. Schrift nachgewiesen und dadurch der Strauß'schen Ansicht das Fundament genommen worden.

Was speziell das aus dem Vorhandensein von unechten Evangelien gegen die Echtheit der canonischen hergenommene Argument anbelangt, so setze ich zu dessen Widerlegung hieher die desfallsigen Bemerkungen aus zwei jüngst erschienenen Büchern katholischer Autoren:

1) Bisping „Erklärung des Evangelium nach Matthäus" und
2) Hettinger „Apologetik." Ersterer sagt in der Einleitung:

a) „Das Auftauchen falscher Evangelien setzt das Dasein echter voraus, wie die Lüge immer die Wahrheit zu ihrer Voraussetzung hat.[1]

b) Fanden jene uncanonischen Evangelien nie allgemeinen Eingang, wurden nie von der Kirche förmlich anerkannt, sondern nur von einzelnen Secten gebraucht und verschwanden dann mit diesen.

---

[1] „Mythus hängt sich überall erst an das Bestehende an und ist nicht für sich selbst das erste Consistente. Das ist eben die erstaunliche Illusion, welche dem Strauß'schen Leben Jesu anhängt, daß, während das Historische sonst die Mythen nach sich zieht, hier die Mythe, grundlos an sich, das ganze historische Leben Jesu absorbirt haben soll." Sepp, 5. Bd. S. 228.

Endlich c) tragen jene Evangelien in der märchenhaften Weise, worin sie abgefaßt sind, die so himmelweit entfernt ist von der großartigen Schlichtheit und Einfachheit unserer Evangelien, das deutlichste Gepräge von der Unechtheit und der weit späteren als apostolischen Abfassung an sich und legen so für die Echtheit unserer Evangelien aus innern Gründen das mächtigste Zeugniß ab."

In ähnlicher Weise drückt sich Hettinger im zweiten Bande seiner vortrefflichen Apologetik S. 641 aus:

".... Die Existenz der Apokryphen ist so weit entfernt, die historische Treue der Evangelien zu schmälern, daß sie deren Echtheit nur noch mehr bestätigt. Die Apokryphen sind nemlich verschieden von den Evangelien:

a) der Zeit nach; denn sie tauchten größtentheils erst im 4ten Jahrhundert auf, während für die Evangelien schon Mitte und Ende des 2ten Jahrhunderts eine geschlossene Reihe echt historischer Traditionen zeugte.

b) Sie sind verschieden dem Geiste nach, weil meist hervorgegangen aus dem Bestreben der judaisirenden und gnostischen Secten, ihre Lehrmeinungen auf Aussprüche Christi zurückzuführen, weßwegen sie mehr oder weniger deren häretischen Charakter tragen, sie sind verschieden dem Geiste nach, da ihr geschwätzreicher und alberner Inhalt, wie Hug sich ausdrückt, den Gegensatz zwischen ihnen und den Evangelien erst recht deutlich erkennen läßt.

c) Sie sind verschieden endlich in Hinsicht auf ihre historische Beglaubigung, da sie nie Bedeutung und Gewicht in der Kirche hatten, ja diese sie immer und scharf ausschied von den echten Evangelien. Aber sie beweisen gerade die Echtheit der Evangelien, da sie, wiewohl von den verschiedensten Verfassern, an den verschiedensten Orten und im verschiedensten Interesse entworfen, dennoch das Wesentliche der evangelischen Geschichte, Christi Leben, Lehren, wunderbare Thaten und Auferstehung enthalten. Und hierauf kommt es doch vor Allem an." [1]

---

[1] Als entscheidende äußere Zeugnisse für die Echtheit der canonischen Evangelien führen wir namentlich die ältesten Apokryphen an, z. B. **Protevangelium Jacobi**,

Unter allen diesen Gründen geben wir dem von Bisping sub b, von Hettinger sub c angeführten den Vorzug besonderer Beweiskraft. Was Bisping von den häretischen apokryphen Evangelien, die mit den betreffenden Secten verschwanden, sagt, trifft nur einen Theil der Apokryphen. Viele derselben sind uns eben vollständig erhalten. Wenn Hettinger sub a die Entstehung der meisten Apokryphen in das vierte Jahrhundert setzt, so sind doch andere entweder gleichzeitig oder doch fast gleichzeitig mit den canonischen Schriften entstanden: von den noch vorhandenen erwähnen wir das Protev. Jacobi, dessen sehr frühe Existenz unzweifelhaft ist (Thilo XLV). Ferner, was Bisping sub c und Hettinger sub b über den geschwätzreichen und albernen Inhalt der Apokryphen im Gegensatze zu den Evangelien sagen, ist wiederum nicht auf alle Apokryphen anwendbar; einige derselben sind weder von judaisirenden oder gnostischen Verfassern, noch fehlt es ihnen an einer ernsten und würdigen Form der Darstellung. So sagt Movers im Freiburger Kirchenlexikon 1. Bd. S. 348 über das Protevangelium: „Die Darstellung unterscheidet sich durch ihre Einfachheit und Würde noch sehr von den übrigen Schriften dieser Gattung und bekundet so zugleich eine frühere Abfassung, welche die Zeugnisse der ältern Kirchenlehrer (vergl. namentlich Origenes Tom. IX p. 223) auch außer Zweifel setzen."[1]

Am entschiedensten unter den obigen Gründen ist zweifelsohne der von Bisping sub b, von Hettinger sub c angeführte Grund, daß die apokryphen Evangelien nie in der Kirche Ansehen und Gel-

---

welches nach Tischendorf bereits in der Mitte des zweiten Jahrhunderts sehr bekannt war; hierin kommen eine Menge Stellen aus den canon. Evangelien wörtlich oder fast wörtlich vor, z. B. Protevang. cap. 11 und Lucas I. 28. fgb. (Ankünd. der Geburt Jesu), Protevang. C. 12 und Lucas 1, 39 fgb. (Besuch Maria's bei Elisabeth), Protevang. C. 13 u. 14 und Math. 1, 18—20 (Joseph findet Maria schwanger), Protevang. C. 17 u. 18 und Lucas 2 (Reise nach Bethlehem) ꝛc.

[1] Aus diesen Zeugnissen in Verbindung mit der hellenistischen Sprachweise des Protevang. schließt Tischendorf (L. C. S. 34), daß dasselbe bereits in der Mitte des zweiten Jahrhunderts sehr bekannt war.

tung hatten, sondern stets auf das Bestimmteste von den canonischen ausgeschieden worden sind; daher wollen wir hierauf etwas näher eingehen. Wir werden einerseits erkennen, wie die Kirche durch die Aufnahme einer Schrift in den Canon oder durch ihre Ausschließung von demselben, uns den zuverläßigsten Beweis für deren Echtheit und Wahrheit oder Unechtheit und Falschheit gegeben hat, andererseits wird uns klar werden, in welchem Sinne die Kirche die unechten Schriften zurückgewiesen hat: in letzterer Beziehung werden wir dann auch für den weitern Verlauf unserer Untersuchung die richtigen Gesichtspunkte gefunden haben.

Welche Grundsätze leiteten also die Kirche, wenn es sich um die Anerkennung oder Verwerfung einer als canonisch sich präsentirenden Schrift handelte? Es leitete sie hierbei ebensowohl das historische Zeugniß des christlichen Alterthums und der Geist der anerkannt echten heiligen Bücher, als ihr eigenes religiöses Bewußtsein.[1] Dies bezeugt Eusebius (H. E. III. c. 29.) „. . . . „Auf diese Weise können wir diese Schriften (die echten) leichter erkennen, und auch diejenigen, welche unter den Namen der Apostel von Häretikern vorgebracht werden, die die Evangelien des Petrus, Thomas, Mathias und einige andern außer diesen enthalten, oder die Thaten des Andreas, des Johannes und der übrigen Apostel. Aber dieser hat noch keiner, der in der Reihe der Kirchenschriftsteller auftrat, zu erwähnen sich gewürdigt. Schon die Sprache ist von der apostolischen abweichend, die Grundsätze und die in ihnen herrschenden Vorstellungen sind von denen der wahren Kirchenlehre völlig entfernt; daraus ergibt sich, daß sie Erdichtungen der Häretiker sind, weßwegen sie nicht einmal den unechten, sondern den sinn- und gottlosen beizuzählen sind."

Zu dieser Stelle des Eusebius bemerkt Möhler: (Einheit p. 78, § 21):

„Diese Stelle zeigt deutlich, von welchen Gründen man sich leiten ließ, wenn man irgend ein Buch für untergeschoben erklärte:

---

[1] Vgl. Tanner über das katholische Traditions- und das protestantische Schrift-Prinzip. Luzern 1862.

weil die Ueberlieferung nicht für selbes sprach, weil ferner die Darstellung mit den für echt angenommenen nicht übereinstimmte, und der Inhalt der Kirchenlehre entgegen war. Aus den entgegengesetzten Gründen nun beurtheilte man die Echtheit der kanonischen Evangelien und Briefe; die Kirche erkannte darin nur, was sie schon längst durch den Unterricht der Apostel und ihrer Schüler erfahren hatte; sie fand eine Uebereinstimmung ihrer mündlichen Lehren mit diesen geschriebenen; sodann sprachen die äußeren Zeugnisse der eigenen Kirche dafür: „beides gehörte zusammen."

In einseitiger Weise verfuhren die Häretiker bei der Bildung ihres Kanons, indem sie die äußeren Zeugnisse, welche für die Kanonicität einer Schrift sprachen, ignorirten und nur das eine Moment berücksichtigten — die Uebereinstimmung einer Schrift mit den in der Secte oder in dem Kopfe des einzelnen Häretikers geltenden Grundsätzen und Lehren; indem sie also nicht aus den historisch anerkannten Schriften ihr Lehrsystem, sondern nach ihrem vorher fertigen (von Schrift und Tradition unabhängigen) Lehrsysteme ihren Schriftkanon formirten; daher die Verwerfung von allen den Schriften, die nicht in ihr System paßten, oder, falls keine von den vorhandenen Schriften darein paßte, die Fälschung dieser oder betrügerische Erfindung neuer Schriften. So behauptete schon Faustus, daß die Evangelien weder von den Aposteln, noch von den andern Schülern des Herrn verfaßt, sondern von Betrügern geschrieben worden seien, die Wahres mit Falschem vermischten.[1] Andere verwarfen nur das Evangelium Johannes, nahmen dagegen die drei ersten Evangelien an.[2] Die Ebioniten nahmen nur das Evangelium Mathäi an;[3] verwarfen die paulinischen Briefe, während umgekehrt die Gnostiker diesen Briefen den Vorzug gaben.[4] Die alten Häretiker handelten hierin ganz so, wie später Luther, als er einen Theil der h. Schrift

---

[1] Augustin. contr. Faust. l. 32, c. 2 lib. 33 c. 3.
[2] Epiphan. haeres. 51; Augustin. haeres. 30.
[3] Epiphan. haeres. 30.
[4] Irenaeus lib. 1 c. 26 adv. haeres.

verwarf und dem Briefe Jacobi gegenüber dem Römerbriefe eine sehr untergeordnete Bedeutung beilegte, und heute noch handeln Strauß und Renan in radicalster Weise ebenso. Ersterer geht, auf seinem hegel'schen Standpunkte consequent, von dem Satze aus: das Uebernatürliche ist unmöglich, daher alles Uebernatürliche, welches die Evangelien uns aus dem Leben Jesu berichten, mythisch; also muß die Echtheit dieser Evangelien geläugnet werden. In ähnlicher Weise Renan: auch nach seinen Grundsätzen, die er freilich in seinem „Leben Jesu" nicht so ganz direct ausspricht, ist alles Uebernatürliche unmöglich: also muß wenigstens alles, was die Evangelien Uebernatürliches enthalten, entweder unechtes späteres Beiwerk zu denselben oder Mißverständniß des apostolischen Schriftstellers sein. Eine Seite des Verfahrens bei der Entscheidung über die Echtheit einer Schrift hatte demnach die katholische Kirche mit allen alten und neuen Secten gemein, nämlich die Vergleichung des Inhaltes dieser Schrift mit den in der Kirche geltenden Grund- und Glaubenssätzen; aber, während bei den Secten die Echtheitserklärung einer Schrift dazu dienen sollte, den apostolischen Ursprung ihrer sonst nicht als apostolisch beglaubigten Lehren zu constatiren: gewann die Kirche aus den schon vor der Entstehung jedweder Schrift des neuen Testaments in ihr gepredigten und durch ununterbrochen fortdauernde mündliche Predigt in ihr bewahrten apostolischen Lehren eine **wirklich objective Norm** für ihr Urtheil über eine als apostolische ausgegebene Schrift, wozu dann noch, um jeden Zweifel unmöglich zu machen, die historischen Zeugnisse des christlichen Alterthums hingezogen wurden.

In gleicher Weise konnte die Kirche aus einem doppelten Grunde einem als apostolische Schrift dargebotenen Buche ihre Anerkennung versagen:

1) Weil sein Inhalt der kirchlichen Lehre, wie sie im Bewußtsein der Kirche lag und auch in andern als echt feststehenden Schriften ausgesprochen wurde, widersprach.

2) Weil, abgesehen von seinem Inhalte, mochte er mit der Lehre der Kirche übereinstimmen oder nicht, die historischen Zeugnisse fehlten oder gar sich förmlich dagegen erklärten.

Aber noch aus einem dritten Grunde konnte die Kirche eine, kanonisches Ansehen prätendirende, Schrift aus dem Kanon ausschließen und sie dadurch den Apokryphen zuweisen.

Die Kirche hat nämlich, ebenso wie alle christlichen Secten bis in die neuesten Zeiten[1] die kanonischen Bücher zugleich stets für inspirirte gehalten, d. h. gelehrt, daß dieselben unter dem übernatürlichen Einflusse und Beistande des heiligen Geistes verfaßt wurden. *Conc. Trid. Sess. IV. de can. script.:* „S. Synodus omnes libros tam V. quam N. Testamenti, *cum utriusque Deus sit auctor*, nec non traditiones .... pari pietatis affectu ac reverentia suscipit et veneratur." Es war dieser Ausspruch nur eine Wiederholung von Jahrhunderte alten Decreten.[2] Versteht man den Kanon in diesem Sinne, so bietet nur die katholische Kirche mit ihrem Grundsatze von der Tradition und der ihr zustehenden unter dem Beistande des heiligen Geistes auszuübenden untrüglichen Feststellung des Kanons aus derselben hinreichende Bürgschaft für die Richtigkeit der Unterscheidung von canonischen und nicht canonischen resp. apokryphen Schriften. Der Nichtkatholik hat die Wahl, entweder den Kanon, als eine Sammlung von göttlichen Büchern, wie ihn die Kirche festgestellt, ohne weiteres zu adoptiren oder die historische Kritik an die Stelle der kirchlichen Autorität, das Resultat der wissenschaftlichen Untersuchung an die Stelle des kirchlichen Ausspruches treten zu lassen, und so die Frage nach der Inspiration einer Schrift zu verwechseln oder zu identificiren mit der Frage nach der historischen Beglaubigung derselben. Wir finden auch, daß im Beginne des Protestantismus der Kanon, wie er bis dahin in der Kirche Geltung hatte, beibehalten wurde; später jedoch führte der lutherische Grundsatz von der Verwerfung der Tradition und der Alleingenügsamkeit der heiligen Schrift auch zu Angriffen auf die heilige Schrift selbst. Da diese nämlich sich selbst nicht über die Zahl der canonischen Bücher ausspricht, so wurde bald dies bald jenes Buch als unkanonisch erklärt:

---

[1] Die Protestanten im Anfange der Reformation fast bis zur Bibliolatrie.
[2] Siehe Denzinger, Enchiridion &c. No. 121, 296, 367, 386.

das war die Consequenz von dem Aufgeben der Tradition und der kirchlichen Autorität. Im weiteren Verlaufe des Protestantismus traten dann Bedenken hervor, zuerst gegen die Inspiration, dann auch sogar gegen die Echtheit der heiligen Schrift und es wurde, nachdem einmal die Autorität der Kirche verworfen, bald nachher von den Anhängern der sogen. rationalistischen Exegese die Inspiration der heiligen Schrift und ihre Echtheit Preis gegeben, zuletzt die Gottheit Christi selbst geläugnet.[1] (Hauptrepräsentanten dieser destructiven Richtung sind Semler, Eichhorn, Kant, Paulus, de Wette, Strauß.)

„So stand also der bibelgläubige Protestantismus in einer sonderbaren Stellung mitten zwischen zwei extremen Richtungen, von denen die eine auf dem katholischen Standpunkte von der dogmatischen Tradition und der Autorität der Kirche sich bewegte, die andere die Nicht-Inspiration und Unechtheit der heiligen Schrift festhielt. Wie sollte sich der bibelgläubige Protestantismus da durchhelfen? einmal wollte er den katholischen Standpunct nicht annehmen und konnte dies nicht, ohne sein Prinzip aufzugeben, dann wollte er auch den von der Kirche anerkannten Kanon nicht der negativen Kritik Preis geben." Tanner l. c. S. 136 u. fgde.

Man nahm deßhalb das bereits auch zum Verständniß der Bibel und zur Auslegung derselben verlangte und nöthig befundene Testimonium spiritus s. als Auskunftsmittel für die Ausmittelung einer canonischen Schrift und des Kanons überhaupt an.[2] So sagt z. B. Schleiermacher (Glaubenslehre I., § 148, 1): „Auf dem unmittelbaren Zeugnisse des heiligen Geistes beruht alle Ueberzeugung

---

[1] Strauß mit seinem Leben Jesu kann als die äußerste Consequenz der protestantischen Prinzipien angesehen werden; wenn Prof. Beyschlag in Halle in seinem schönen Vortrage gegen Renan meint, die Katholiken hätten jetzt in Renan auch ihren Strauß, so kann ich diese Parallelisirung nicht zugeben. Ein Katholik wird nicht in Folge der katholischen Prinzipien ein Renan werden, sondern nur in Folge eines totalen Abfalles von denselben.

[2] Schenkel, Dogmatik I. 363.

des Wiedergebornen über Christus und so auch die Ueberzeugung von der Echtheit solcher Schriften.....

„Der Beweis für die Inspiration der Schrift ist weder im Einzelnen noch im Ganzen mit Hülfe äußerer Zeugnisse zu führen; wir sind daher nothwendig auf die innern Zeugnisse angewiesen: es sind die innern Kriterien; es ist vor Allem das innere Zeugniß des heil. Geistes, von welchem noch heute die letzte Entscheidung darüber abhängt, ob die Bücher, welche sich gegenwärtig in der Schriftsammlung befinden, mit Recht in derselben aufgenommen und ob alle andern mit Recht von derselben ausgeschlossen worden sind.'"

Mit Recht bemerkt hiergegen Kuhn (Dogm. I., 107): „Eine objective Beglaubigung der Schrift liegt von dieser Seite, d. h. von dem inneren Geisteszeugnisse nicht vor. Und doch muß hier eine objective Gewißheit walten, wo es sich um die öffentlichen Urkunden einer Religion handelt."

Und Perrone (Glaubensregel II., p. 31): „Ohne die Tradition entschwindet die Schrift den Händen der Protestanten, und es gibt gar kein Mittel, sich ihrer zu bemächtigen."

(Glaubensregel, I., 71.) „Wenn die Protestanten die Bibel als sichere Glaubensregel betrachten wollen, so müssen sie über folgende drei Puncte ein sicheres Urtheil besitzen:

1) Aus welchen und wie vielen Büchern besteht die ganze Schrift?
2) Ist man von der Echtheit eines jeden Buches, von der Unversehrtheit und Vollständigkeit des Textes überzeugt?
3) Sind alle Bücher göttlich eingegeben?

Daher bleibt das so oft citirte Wort des heil. Augustinus immerfort wahr: Ego vero Evangelio non crederem, nisi me Cathol. Ecclesiae commoveret auctoritas *(epist. c. Munich. C. 5)* d. h. wie Neander (D. G. I. p. 289) und Baur (Lehre von der Kirche p. 226) zugeben: Das Ansehen der Kirche ist das Zeugniß für die Göttlichkeit der heil. Schrift; nicht etwa, wie einzelne protestantische

---

[1] Aehnlich Holzmann, Can. und Tradition. Ludwigsburg 1853.

Theologen diese Stelle auslegen wollten: Ich unterwerfe mich dem göttlichen Worte um der Autorität der Kirche willen; sondern: ich weiß erst durch das Zeugniß der Kirche, wo Gottes Wort zu finden ist.

Die Protestanten sind daher ganz consequent, wenn sie die Möglichkeit zugeben, daß sich die Kirche bezüglich der Homologumenen geirrt habe, also nicht nur bei Antilegomenen, wie Reuß (Gesch. b. h. Schrift p. 255) ausdrücklich behauptet; ja einzelne protestantische Gelehrte geben die Möglichkeit zu, daß neue bis dahin unbekannte Bücher in den Canon eingereiht werden können. So denkt Schleiermacher (Glaubensl. II. § 149 p. 419) den Fall möglich, daß mit der größten kritischen Gewißheit ein Buch, das von einem unmittelbaren Schüler Christi herrührt, entdeckt werde; doch meint er, daß man ein solches Buch nicht ohne Weiteres der heil. Schrift einverleiben, sondern als Anhang derselben beifügen werde. Wir glauben indeß, daß dieser Anhang der heil. Schrift noch lange wird auf sich warten lassen.

Das Gesagte möge genügen zum Beweise dafür, daß die Autorität der Kirche allein den Canon der heil. Schrift **als eine Sammlung von göttlichen Büchern** sicher stellen kann, und daß ebenso gewiß jene Schriften, die canonisches Ansehen verlangten, aber nicht erhielten, mögen sie sonst beschaffen sein, wie sie wollen, nicht als inspirirte gelten können.

Fassen wir zum Schlusse des Abschnittes die bisherigen Auseinandersetzungen in einigen kurzen Sätzen zusammen:

1) Die mythische Auslegung der Evangelien, wie sie von Strauß in seinem alten und neuen Leben Jesu vorgetragen wird, ist durch namhafte sowohl katholische als protestantische Gelehrte als unhaltbar dargethan worden, besonders durch den Nachweis, daß die Strauß'sche Voraussetzung von der Unechtheit der canonischen Evangelien als wissenschaftlich durchaus verwerflich zu erklären ist.[1]

---

[1] In seinem neuen „Leben Jesu" spricht sich Strauß über die Ausstellungen der Theologen an seinem Verfahren in grober und plumper Weise S. 162 also aus:

2) Wenn Strauß für die Mythenhaftigkeit der historischen Bücher Alten und Neuen Testaments sich auf Analogien in der Mythologie heidnischer Völker beruft, so ist hierin natürlich kein logisch stichhaltiger Beweis zu erkennen.

3) Ebensowenig lassen sich aus dem Vorhandensein von falschen Evangelien Folgerungen ziehen gegen die Wahrheit der in den canonischen Evangelien erzählten Thatsachen.

   a) Gehen die falschen Evangelien sämmtlich von der Voraussetzung aus, daß die großen Thatsachen der evangelischen Geschichte auf unumstößlicher Wahrheit beruhen.

„Um das Geschrei der Theologen, man habe sich die Sache dadurch leicht gemacht, daß man ihre gewichtigen Gründe nicht berücksichtigt, d. h. an ihren papiernen Schanzen einfach vorbei gezogen sei, ohne sie einer ernsthaften Belagerung zu würdigen, hätte sich eine Darstellung gar nicht zu kümmern, die zunächst gar nicht für Theologen, sondern für Gebildete und Denkende aller Stände und Berufsarbeiten berechnet ist. Dennoch möchte ich mich, schon des Spaßes wegen, dieses Geschäftes nicht ganz überheben. Sofern mich aber der gerade Weg diesmal nicht darauf führen wird, so soll nur alle Mal da, wo es einige Ausbeute verspricht, d. h. an solchen Stellen, wo sich die ausgiebigsten Nester von dergleichen Ungeziefer angesiedelt haben, ein Ruhepunkt gemacht und dem Leser Proben gegeben werden, wie an den Aufgaben, die sich auf unserm genetisch kritischen Wege von selbst natürlich lösen, die erhaltungslustige Theologie von heute mit den abenteuerlichsten Verrenkungen und seltsamsten Bocksprüngen abarbeitet."

Ueber diese ungeziemenden Aeußerungen — die auch ungeziemend sind in einem „für das Volk" geschriebenen Buche — wollen wir hinweggehen.

Wenn Strauß sich von den Theologen wegwendet und zum deutschen Volke redet, und sich dabei „wie der Apostel Paulus vorkommt, der von den Juden, die sein Evangelium von sich stießen, zu den Heiden sich begab" (Vorrede S. XII.), so scheint uns das eine starke Illusion zu sein. Der Apostel Paulus predigte Jesum den Gekreuzigten und Auferstandenen, Thatsachen, zu deren Verständniß Juden und Heiden die gleiche Befähigung hatten. Strauß aber ruft das Volk zum Richter in wissenschaftlichen Fragen auf, zu deren Entscheidung ihm entweder die wissenschaftliche Bildung überhaupt, oder wenigstens die unerläßliche fachwissenschaftliche Bildung fehlt. Ein solches Verfahren erinnert nicht an den Apostel Paulus, sondern an Cervantes' weltbekannten Helden, der sich mit seinen Reden an Wesen wandte, die seine Sprache nicht verstanden.

b) Enthalten die apokryphen Evangelien eine Menge von Stellen aus den canonischen Evangelien entweder wörtlich oder fast wörtlich, und dienen also, besonders die ältesten, deren Entstehung bis zu dem apostolischen Zeitalter zurückgeht, als sehr wichtige und unverwerfliche äußere Zeugnisse für die Echtheit der canonischen Evangelien.

c) Sind die apokryphen Evangelien von der Kirche stets als durchaus verschieden von den canonischen angesehen worden.

Die Art und Weise, wie die Kirche bei dieser Unterscheidung verfuhr, bürgt uns auf's Entschiedenste dafür, daß die canonischen Evangelien wirklich von den Verfassern herrühren, deren Namen sie tragen, daß sie nur Wahrheit berichten, daß sie das Wort Gottes sind, insoferne ihre Verfasser unter dem besonderen Einflusse und Beistande des heil. Geistes geschrieben haben.

4) Wenn die Kirche eine Menge von Evangelien als apokryph den canonischen gegenüberstellte, so sprach sie damit aus, daß entweder dieselben

a) nicht von den Verfassern oder aus den Zeiten herrührten, wie sie vorgaben, oder b) daß in ihnen nicht volle Uebereinstimmung herrschte mit den Lehren und Grundsätzen der Kirche oder c) daß sie nicht, wie die canonischen, unter dem Beistande des heil. Geistes geschrieben wurden.

Ohne die Wachsamkeit und Thätigkeit der Kirche würde es wohl niemals zu einer Feststellung des Canons, noch auch zu einer Unterscheidung zwischen canonischen und nichtcanonischen Evangelien gekommen sein.[1]

---

[1] Man kann zwar leicht durch Vergleichung der kanonischen und apokryphen Bücher eine überaus große Verschiedenheit beider entdecken, besonders wenn man mit der Ueberzeugung von der Göttlichkeit der kanonischen Schriften diese Vergleichung beginnt. Allein, wenn man ohne eine objective Norm und Führung kanonische und unkanonische Schriften vergleicht: so wird das Resultat dieser Prüfung auch ganz anders ausfallen können: der Eine wird beide Categorien von Schriften für gleich göttliche und zuverlässige Quellen der Wahrheit ansehen; ein Anderer beide für gleich fabelhaft erklären; ein Dritter wird zwar einen Unter-

Das Vorhandensein von falschen Evangelien beweist also nichts gegen die Wahrheit der echten Evangelien, bestätigt vielmehr deren Echtheit und Wahrheit noch mehr; übrigens sind falsche Evangelien auch nicht solche, in denen Alles Erdichtung und Fabel wäre: sie enthalten selbst Elemente historischer Wahrheit, zunächst in dem, was sie mit dem canonischen Gemeinsames und Uebereinstimmendes haben, dann aber auch noch andere über die canonischen hinausgehende Berichte, welche die vollste Anerkennung verdienen, wie wir in den folgenden Abschnitten näher nachweisen werden.

Zweiter Abschnitt.

§ 6. **Gibt es in den apokryphen Evangelien eigenthümliche, über die Berichte der kanonischen Evangelien hinausgehende historische und dogmenhistorische Elemente?**

Weil die apokryphen Evangelien von einzelnen Päbsten und kirchlichen Schriftstellern mit scharfen Worten verdammt worden sind, so könnte leicht die Ansicht sich bilden, als ob in denselben nur Falsches

---

schied zwischen beiden bestehen lassen, sogar die kanonischen für echt, ja für göttlich eingegebene Schriften halten, wird aber als Eklektiker verfahren und nach seinem Gutdünken die eine oder andere Parthie der kanonischen Bücher als sagenhaftes Beiwerk ausscheiden. — All' diese verschiedenen Resultate werden sich ergeben je nach der Verschiedenheit der philosophischen, naturwissenschaftlichen, religiösen Grundsätze und Vorurtheile des einzelnen Kritikers; dazu kommen dann noch die launenhaft wechselnden Stimmungen, welche auf dessen Entscheidung nicht ohne Einfluß bleiben werden.

Um nur ein Beispiel anzuführen: Ein neuerer, angesehener, streng rechtgläubiger Schriftsteller meinte, „in den kanonischen Schriften sei keine Spur von Mythus geblieben, es sei denn die Notiz vom Teiche Bethesda (Joh. V.), die, wenn sie auch authentisch wäre, vom Evangelisten selbst für nichts als eine Volkssage ausgegeben werde." (Sepp l. c. S. 226.)

und Unzuverlässiges, Fabelhaftes und Abenteuerliches ohne alle Beimischung von Wahrheit enthalten sei. Sehen wir, ob ihre Verwerfung durch Päbste und kirchliche Schriftsteller vereinbar ist mit der Annahme zuverlässiger historischer und dogmenhistorischer Bruchstücke in denselben. Wir werden, um diese Frage zu beantworten, die vorgenannten Verwerfungsurtheile im **ersten Theile** dieses Abschnittes sorgfältig prüfen und dann im **zweiten Theile** desselben positive Argumente zum Zwecke einer bejahenden Antwort auf obige Frage anführen.

Erster Theil.

§ 7. Das Urtheil der Päbste und kirchlichen Schriftsteller über die apokryphen Evangelien.

1. Wir bemerken zunächst, daß in keiner der ältesten Sammlungen von kanonischen Schriften des Neuen Testaments irgend eines der apokryphen Evangelien aufgezählt wird; weder in der Sammlung des Origenes, noch in der mit dieser gleichzeitigen syrischen, noch in der des Athanasius, noch im 84ten (nach dem corpus juris canon.) apostolischen Canon, der sonst fast alle Schriften des Neuen Testaments enthält, noch in der Sammlung des Eusebius. Ebenso wurde von den Concilien, welche die canonischen Schriften zusammenstellen, nämlich von dem Concil zu Hippo 393, zu Karthago 397, zu Florenz 1439, zu Trient 1545—1563 keines der apokryphen Evangelien den canonischen beigezählt. [1]

2. Die apokryphen Evangelien wurden jedoch nicht bloß in den Verzeichnissen der canonischen Schriften übergangen, sondern auch von einzelnen Päbsten denselben als verwerflich gegenübergestellt. So schreibt **Innocenz I.**[2] nach Aufzählung sämmtlicher Bücher Alten

---

[1] Vgl. Denzinger l. c. p. 16, 208, 225.
[2] Epist. VI. ad Exuperium Tolosanum c. VII.

und Neuen Testaments: „Cetera autem, sub nomine Mathaei vel sub nomine Petri et Joannis, quae a Leucio quodam scripta sunt, vel sub nomine Thomae sive Jacobi minoris, et si qua sunt alia, non solum repudianda, verum etiam noveris esse damnanda."

Ebenso Gelasius,[1] welcher nach Anführung der Schriften des alten und neuen Testaments, nach Bestätigung der bis dahin gehaltenen allgemeinen Concilien und nach Aufzählung der Väter, deren Schriften empfohlen zu werden verdienen, folgendermaßen sich über die apokryphen Schriften ausspricht: § 27. „Ceterum, quae ab haereticis sive schismaticis conscripta vel praedicata sunt, nullatenus recipit catholica et apostolica ecclesia romana. E quibus pauca, quae ad memoriam venerunt, et a catholicis vitanda sunt, credimus este subdenda." Dann folgt eine Menge apokrypher Schriften des alten und neuen Testaments, z. B. evangel. nomine Thaddaei apocryph., evangel. nomine Barnabae, Bartholomaei, Andreae etc., apocrypha etc.

Wie vereinigen sich diese Aussprüche mit der von uns zur Vertheidigung übernommenen Thesis?

Aus dem oben sub 1. angeführten Umstande, daß nämlich die apokryphen Evangelien überall in den Sammlungen der canonischen Bücher fehlen, folgt selbstverständlich nur, daß ihnen der Character und die Würde canonischer Schriften abgeht, aber keineswegs, daß sie nur falsche und märchenhafte Dinge enthalten.

Was sollen wir aber zu den sub 2. angeführten Urtheilen der Päbste Innocenz I. und Gelasius sagen?

Bemerken wir, daß Innocenz I. nach Aufzählung der canonischen Bücher die Apokryphen erwähnt und von einigen apokryphen Evangelien sagt, sie seien nicht bloß zu verwerfen, sondern auch zu verdammen. Offenbar ist mit dem ersten Ausdrucke „repudianda esse" nur gemeint, daß diese Evangelien nicht als

---

[1] Decretum Gelasii editum in conc. Rom. a. 494 (corp. iur. can. dist. XV. c. 3. p. I.).

canonische Schriften anzusehen seien; der Pabst bezeichnet also damit nur den Gegensatz zwischen canonisch und nichtcanonisch. Die Verschärfung durch den zweiten Ausdruck „etiam damnanda esse" ist dann hinlänglich motivirt, wenn dadurch hervorgehoben werden soll, daß sie fälschlich einen apostolischen Namen tragen, oder daß in denselben Wahres und Falsches sich miteinander vermischt finde. Aus dem Worte „damnanda" die Intention des Pabstes Innocenz herzuleiten, daß er jenen Schriften jegliche Wahrheit abspreche, wäre sicherlich zu weit gegangen.

Ein Gleiches ist zu sagen von dem gegen die apokryphen Evangelien gerichteten Verwerfungsurtheile in dem decret. Gelasianum. Es genügt der fälschlich angenommene apostolische Name derselben, oder ihre Vermischung des Wahren und Falschen, um das obige Urtheil zu begründen. Dies wird noch klarer, wenn wir das Urtheil des Pabstes über die Schriften des Origines hier zur Vergleichung heranziehen.

§ 22. heißt es in dem decretum: „item Originis nonnulla opuscula, quae vir beatissimus Hieronymus non repudiat, legenda suscipimus; reliqua autem omnia cum auctore suo dicimus esse renuenda." Offenbar will der Pabst nicht sagen, daß jene übrigen Schriften des Origines, die er nicht zu lesen gestattet, nur Irrthümliches, sondern daß sie neben dem Wahren und Trefflichen auch Irrthümliches enthalten.

3) Sehr scharfe Aeußerungen gegen die Apokryphen finden wir in den Schriften der Kirchenväter und anderer kirchlicher Schriftsteller. *Hieronym. in Isaiae 64, 4:* „unde apocryphorum deliramenta conticeant, quae ex occasione hujus testimonii (I. Cor. 2, 9) ingeruntur ecclesiis Christi. De quibus vere dici potest, quod sedeat diabolus in insidiis cum divitibus in apocryphis, ut interficiat innocentem. Et iterum: insidiatur in apocrypho quasi leo in spelunca sua; insidiatur ut rapiat pauperem."

Leo der Große schreibt in ep. 103 ad Turibium cap. 15: „ea scripta (apocrypha) penitus auferenda atque ignibus concremanda."

Augustinus contra Faustum lib. XXIII. cap. IX.:
„.... per hoc illud, quod de generatione Mariae Faustus posuit, quod patrem habuerit ex tribu Levi, sacerdotem quemdam nomine Joachim, *quia canonicum non est*, non me constringit; sed etiam si hoc crederem, ipsum potius Joachim dicerem aliquo modo ad David sanguinem pertinuisse. Hoc ergo potius vel tale aliquid crederem, si illius apocryphae scripturae, ubi Joachim pater Mariae legitur, auctoritate detinerer, quam mentiri evangelium, in quo scriptum est et Jesum Christum filium Dei salvatorem nostrum, et ex semine David secundum carnem et per Mariam virginem procreatum."

Bevor wir weitere Aussprüche anführen, wollen wir sehen, ob wir trotz dieser für die Apokryphen so ungünstigen Urtheile dennoch bei der Meinung zu bleiben berechtigt sind, daß in denselben zuverläßige historische und dogmenhistorische Elemente aufbewahrt sind.

Wenn Hieronymus sagt, daß der Teufel durch die Apokryphen wahnwitzige Lehren zu verbreiten und dadurch die Seelen der Gläubigen zu verderben suche, wenn der heil. Leo will, daß die Apokryphen dem Feuer übergeben werden und Augustinus sagt: daß dieselben als unkanonische Bücher kein beweiskräftiges Ansehen für ihn hätten, so ist klar, daß wohl nur die von Häretikern verfaßten und gebrauchten apokryphen Schriften gemeint sind, und zwar besonders wegen der in denselben enthaltenen Irrthümer gegen die wahre apostolische Lehre.[1]

Augustinus sagt dieses ausdrücklich, indem er einen bestimmten Irrthum aus dem von Faustus gebrauchten Evangelium hervorhebt. Solche selbst von Häretikern gebrauchte falsche Evangelien, die mit den betreffenden Secten bald wieder verschwanden, waren vorzugsweise wegen der ihnen vorkommenden Lehrmeinungen bedenklich, nicht so in ihren historischen Bestandtheilen, weil diese meistens von dem Interesse der spezifisch irrthümlichen Lehre unberührt blieben.

---

[1] Reusch, Einleitung in's A. T. § 63 Nr. 1 S. 165.

Die vorgenannten scharfen Aeußerungen der drei berühmten Kirchenlehrer waren also, so dürfen wir unbedenklich annehmen, vorzugsweise gegen die häretischen Apokryphen gerichtet. Es gibt nämlich, wie Alle, welche über diesen Gegenstand geschrieben, zugeben, zwei Klassen, wie von den Apokryphen überhaupt, so auch von den apokryphen Evangelien:

a) solche, welche zur Stütze einer Irrlehre von Häretikern verfaßt wurden und besonders, wie schon bemerkt, hinsichtlich des Lehrinhaltes von den canonischen abwichen, mochten es nun die canonischen Evangelien selbst, hier und da nur in tendentiöser Weise gefälscht, oder selbstständige freie Nachbildungen derselben sein.[1]

b) Solche, welche von rechtgläubigen Juden- oder Heidenchristen nicht in betrügerischer, sondern in guter und redlicher Absicht geschrieben worden sind, mochte auch manchmal die Absicht ihrer Verfasser besser und anerkennenswerther, als ihr schriftstellerisches Talent sein, so daß in ihnen Einfaches, Schönes und Würdiges nicht selten mit Albernheit und Geschmacklosigkeit abwechselt.

Wenn die ersteren sich fälschlicher Weise mit dem Namen eines Apostels schmücken, so geschieht dies, um ihrer neuen häretischen Lehre das Ansehen einer apostolischen zu geben; bei der letztern Klasse von apokryphen Evangelien zeigt der Name des Apostels, mit dem sie überschrieben sind, entweder an, daß sie nach der mündlichen Predigt dieses oder jenes Apostels von irgend einem Mitgliede der neu gegründeten Christengemeinde niedergeschrieben wurden, oder ihre Verfasser haben den Namen eines Apostels gewählt, um ihren nach ihrer Ueberzeugung unzweifelhaft apostolischen Mittheilungen leichter Eingang zu verschaffen,[2] wie ja auch der Verfasser des griech. Buches der Weis-

---

[1] Die häretischen Evangelien verschwanden auch bald mit den Häresieen selbst, denen sie dienten; so daß an ihnen das Verlangen des h. Leo, sie zu vernichten, erfüllt worden ist. Bruchstücke aus ihnen und Andeutungen über ihren Inhalt finden sich nur noch in den Schriften der Väter, welche zur Bekämpfung der Irrlehren auftraten.

[2] Aehnlich die apokryphen *constitutiones et canones* Apostolorum, welche das meist von den Aposteln wirklich Herrührende auch der Form nach (in durchaus

heit ben Salomon redend einführt; ober endlich diese Ueberschriften sind in spätern Zeiten hinzugefügt worden.¹ Wir glauben also nicht zu irren, wenn wir obige strenge Aussprüche nicht auf die von rechtgläubigen Autoren herrührenden von betrügerischer Absicht freien Evangelien anwenden, welche wir auch bei dieser Abhandlung hauptsächlich im Auge halten.

Unter diesen letztern heben wir noch zur nähern Begründung unserer Ansicht zwei besonders hervor, das Protevangelium Jacobi und das Evangelium de nativitate S. Mariae, welche sich vortheilhaft von allen übrigen unterscheiden. Das Protevangelium steht in der Einfachheit und Würde seiner Darstellung den canonischen Evangelien nahe, es ist das älteste von den uns erhaltenen apokryphen Evangelien, indem es sich unmittelbar, der Zeit seiner Entstehung nach, an das apostolische Zeitalter anschließt, so daß es außer allem Zweifel manches echt Traditionelle enthalten muß, es ist das Muster und die Quelle für die übrigen Kindheitsevangelien gewesen, es enthält wahrhaft schöne und erhabene Stellen²; es wurde daher nicht nur in den Schriften der Väter häufig benutzt, sondern auch an den Mariafesten in der orientalischen Kirche zu öffentlichen Vorlesungen häufig gebraucht.

---

redlicher Absicht) durch fingirte apostolische Decrete auf die Apostel zurückführte; so ist auch in den pseudo-isidorischen Decretalen der Zweck des Verfassers nicht, zu fälschen: er wollte den factisch bestehenden Regeln und Grundsätzen nur durch zurückdatirte Urkunden größeres Ansehen verleihen. Vgl. die betreffenden Artikel im Kirchen-Lexikon.

¹ Vgl. Bosen, Apologetik S. 669 folg. — Nicolas, la vierge Marie vivant dans l'église tom. II. p. 36. — Brunet, les évangiles apocr. etc.

² Brunet: „Le cantique dans lequel sainte Anne devenue mère après une longue stérilité célèbre le bonheur, qu'elle éprouve, est sublime d'exaltation et de pieux entraînement. Cf. Protevang. c. VI.: „„Fecit Anna canticum Domino Deo dicens: „„„Cantabo laudem Domino Deo meo, quia visitavit me et abstulit a me opprobrium inimicorum meorum. Et· dedit mihi Dominus Deus fructum justitiae multiplicem in conspectu suo. Quis annunciabit filiis Reuben, quod Anna lactet? Audite, audite duodecim tribus Israel, quod Anna lactat!"""

Thilo führt Stellen von Origenes, Epiphanius, Gregorius Nyss. und Gregor von Nazianz an, welche dem Protevangelium entlehnt sind. Ja sogar in den Schriften Justins und Clemens von Alexandrien findet sich Einiges aus dem Protevangelium, so daß Thilo den Text dieses Buches aus den besten Handschriften mit der größten Sorgfalt hergestellt hat, besonders weil das Protevangelium, wie er sagt, plurimum conferre potest ad crisin atque interpretationem Novi Testamenti et grammaticam et *historicam*.[1]

Ueber die liturgische Verwendung des Protevangelium sagt Thilo S. LXVII: „Denique nec libri Graecorum ecclesiastici silentio sunt praetermittendi, in quibus ad Festa Joachimi et Annae IX. Sept. et XXV. Jul., item conceptionis, nativitatis et praesentationis Mariae VIII. Dec., VIII. Sept., XXI. Nov. plura ex protevangelii auctoritate vel traditione profunturus. Vides, quanta fuerit historiae istius apud Graecos auctoritar et celebritas."

Diese „auctoritas et celebritas" wäre unerklärlich, wenn man in dem Protevangelium nicht viele ächt traditionelle Stücke gefunden hätte. Auch in der abendländischen Kirche fand das Protevangelium seit dem 6. Jahrhundert Eingang und wurde im Mittelalter häufig zu homiletischen Zwecken benutzt. (Thilo S. XCIV.) Aber, wendet man ein, die obige Verurtheilung durch die Päbste Innocenz I. und Gelasius? in dem Briefe des Pabstes Innocenz wird dasselbe als uncanonisch verworfen, da ja von dem Pabste dem Exsuperius die in der Kirche geltenden canonischen Schriften aufgezählt werden. Will man seine Verwerfung auch auf den Inhalt beziehen, so genügt der darin enthaltene Bericht von der Gegenwart der Hebammen bei der Geburt Christi,[2] um die von Innocenz gebrauchten strengen Ausdrücke begreiflich zu finden, ohne daß man dieses Verwerfungsurtheil auf seinen gesammten Inhalt anzuwenden genöthigt wäre.

Was das Decretum Gelasianum betrifft, so ist, wie uns scheint, bemerkenswerth, daß das Protevangelium Jakobi in dem Corpus

---

[1] Thilo P. XLV, LXIII—LXVII.
[2] Protevang. C. 18—20.

juris canonici sich nicht unter den dort angeführten apokryphen Schriften befindet. Freilich wird es in der collect. conc. ap. Harduin. tom. 2. p. 941 mit aufgezählt, indeß glauben wir mit Grund annehmen zu dürfen, daß es ursprünglich nicht zu den in dem Decretum verurtheilten Schriften gehört habe. Thilo bemerkt zu dem Decretum Gelasianum P. LXXXVIII.: „Decretum patuit variis interpolatoribus: unde magna exemplarium ejusdem diversitas."

Um so wahrscheinlicher ist die spätere Interpolation des protevangelium in das Decretum, weil es sonst wohl nicht so bald (im sechsten Jahrhunderte nämlich) nach dem Tode des Pabstes Gelasius, der im Jahre 496 starb, in dem Abendlande Verbreitung gefunden hätte.[1]

Auch das Evangelium de nativitate S. Mariae zeichnet sich vortheilhaft unter den apokryphen Evangelien aus. Von dieser Schrift sagt Movers, Kirchen-Lexicon, 1. B. S. 348, daß schon ältere Schriftsteller dieselbe erwähnen, daß sie von den wundersüchtigen Uebertreibungen ähnlicher Schriften ziemlich frei und aus früheren Apokryphen nicht unglücklich zusammengestellt sei. Auch ist dieses Evangelium weder von Innocenz noch von Gelasius noch von irgend einem Kirchenvater als verwerflich erklärt worden; und es hat auch die eben genannte geschmacklose Erzählung über die Heranziehung von Hebammen bei der Geburt Christi aufzunehmen verschmäht.[2]

Fassen wir das hinsichtlich der Stellen aus Hieronymus, Leo, Augustinus Gesagte kurz zusammen:

a) Das Urtheil der genannten Kirchenlehrer ist vorzugsweise gegen die härestischen Apokryphen gerichtet, und zwar nicht so sehr ihrer historischen Mittheilungen wegen als wegen ihres irrthümlichen Lehrinhaltes.

---

[1] Vgl. Hefele, Conciliengeschichte Bd. II. § 217 S. 597 ff.

[2] Hieronymus sprach sich gegen Helvidius hierüber also aus: „Nulla ibi obstetrix, nulla muliercularum sedulitas intercessit. Ipsa (Maria) pannis involvit infantem, ipsa et mater et obstetrix fuit." (Oper. ed. Vallars. tom. II. P. I. col. 214.)

b) Unter den von orthodoxen Verfassern geschriebenen apokryphen Evangelien behaupten zwei — Protevangelium Jacobi und Evangelium de nativitate S. Mariae nach Alter, Inhalt und Form eine vortheilhafte Ausnahmsstellung unter den übrigen und sind darum von den heiligen Vätern oft citirt, und schon frühe im Morgenlande, später auch im Abendlande und zwar kurz nach dem Erlasse des Decretum Gelasianum häufig zu homiletischen Zwecken benutzt worden.

4) Schließlich wollen wir noch ein Paar für die Apokryphen ungünstige Stimmen aus späterer Zeit vernehmen:

a) Im elften Jahrhundert spricht Petrus Damiani in einer Rede über die Geburt Maria's gegen diejenigen, welche aus unnützer Neugierde gerne Genaueres über die Eltern Maria's erfahren möchten:

„Nonnulli, cum plus sapere, quam oportet sapere, gestiunt, quis pater vel quae mater B. Mariae fuerit, studio superfluae curiositatis inquirunt. Sed aliquis lector nimis inutiliter quaerit, quod evangelista narrare superfluum duxit. Si enim huic notitiae esse utilitatem cognosceret, nequaquam nobilis historicus rem necessariam silentio praeteriret."

b) In dem Artikel „Maria, die heil. Jungfrau", welchen Reithmayer in das Freiburger Kirchen-Lexicon geschrieben hat, heißt es (Band 6, S. 836): „Alles Uebrige, namentlich Anfang und Ende ihres irdischen Lebens bleiben in Dunkel gehüllt. Zwar hat die productive Sage der Folgezeit und vornehmlich jener Secten, welche „viel auf Fleisch und Blut hielten", ihrem Bilde gar Vieles beigefügt; für uns aber, welchen durch kirchliche Autorität gewehrt ist, solchen apokryphen Berichten, wie sie z. B. das Protevangelium Jacobi minoris, das Evangelium de nativitate Mariae in Fülle enthält, viel Glauben zu schenken, übriget nur, aus den authentischen Mittheilungen der Evangelisten unter Zuziehung der ältesten Väter das zu einem Ganzen zu verbinden, was bei diesen zerstreut sich findet."

In einer Anmerkung wird dann auf die Urtheile Innocenz I.' und Gelasius' mit folgendem Zusatze verwiesen: „Es ist vielleicht darum nöthig, die Urtheile der Kirche über diese Categorie von Schriften anzuführen, weil man in neuester Zeit dieselben ausbeutet, um die historischen Quellen des Christenthums durch solche Gesellschaft zu verdächtigen. Die Kirche hat nie etwas darauf gegeben. Vergl. Augustinus contra Faustum l. 23. c. 9."

Antworten wir zuerst auf die oben citirten Worte Petri Damiani; „er verbietet, allzu neugierig nach den Aeltern der allerseligsten Jungfrau Maria zu forschen; die Evangelien sagten darüber nichts, und doch würden sie nicht geschwiegen haben, wenn sie eine derartige Mittheilung für nothwendig erachtet hätten." Ohne Zweifel hat der heil. Petrus Damiani hier den Zweck, das Volk, welches geneigt ist, allen möglichen albernen Erzählungen gleichen Glauben wie den Evangelien beizumessen, zu warnen: er will die untrügliche Wahrheit der evangelischen Berichte andern unzuverlässigen Nachrichten auf das Schärfste gegenüberstellen. Wollte man die Worte des Heiligen zu sehr urgiren, so würde man auch daraus schließen müssen, die heilige Schrift allein, selbst mit Ausschluß der Tradition, sei nach seiner Meinung die einzige Quelle aller das Christenthum betreffenden Wahrheiten — eine Lehre, die ihm gewiß völlig fremd gewesen ist.

In dem Artikel Maria des Freiburger Kirchen=Lexicons werden die Quellen für die Darstellung des Lebens Mariä beschränkt auf die Mittheilungen der Evangelisten und die in den Schriften der ältesten Väter zerstreut vorkommenden Nachrichten; ausdrücklich wird hervorgehoben, daß den apokryphen Berichten, auf welche die Kirche nie Etwas gegeben habe, hierin nicht viel Glauben beizumessen sei.

Wir glauben bemerken zu dürfen, daß bei der Darstellung einer Lebensgeschichte Maria's auch wohl Dasjenige berücksichtigt werden müßte, was die Kirche in ihren Festen bezüglich Maria's aufgenommen hat, selbst wenn dies mit apokryphen Nachrichten übereinstimmen sollte. Freilich wäre es ein leichtfertiges, unkritisches Verfahren, aus den apokryphen Evangelien, wie aus Quellen, die den eben genannten ebenbürtig wären, geschichtliches Material für die Biographie Maria's zu entnehmen; allein eine allzugroße Aengstlichkeit in der Annahme von historischer Wahrheit in den Apokryphen ist, wie wir oben gesehen haben, trotz der päbstlichen Verbote nicht nothwendig und würde sich ja auch auf die Annahme derjenigen Uebungen in der Kirche hinübertragen, welche zufällig in apokryphen Mittheilungen ihre Stütze finden. Mag man auch in neuester Zeit die apokryphen Evangelien ausgebeutet haben, um die historischen Quellen des Christenthums zu verdächtigen, so braucht uns dies Verfahren der Gegner des Christenthums nicht mit allzu großer Abneigung gegen die apokryphen Evangelien zu erfüllen, da wir mit Entschiedenheit behaupten können, daß nur Unverstand und Böswilligkeit sich zu einer Verdächtigung der wahren Evangelien durch die falschen herbeilassen können. In der That dienen die falschen Evangelien auch dazu, unser Vertrauen auf die Echtheit und Wahrheit der canonischen zu erhöhen (wie wir oben gezeigt haben) und auch dann noch, wenn wir in denselben einzelne Reste von zuverlässigen Berichten erkennen wollen. Wir glauben, diesen Abschnitt schließen zu können mit der Behauptung, daß uns die Urtheile der Kirche und kirchlichen Schriftsteller über die Apokryphen nicht hindern, in denselben Elemente der Wahrheit zu finden, und daß also der Schluß unbegründet ist: „diese Lehre, welche die Kirche aufstellt oder jene Thatsache, woran sie glaubt, ist irrthümlich, zeigt den Abfall der Kirche von der einfachen evangelischen Wahrheit, weil diese Lehre und jene Thatsache in den apokryphen Evangelien sich findet. Einen solchen unrichtigen Schluß finden wir z. B. bei Tischendorf. S. 102 heißt es:

„Etiam ritus in ecclesia Christiana observari dico, quorum origo ex apocryphis evangeliis nostris repetenda sit." — „Hoc numero nescio an plura festa ponam vel apud Catholicos vel apud Graecos recepta. Sunt enim in memoriam instituta rerum eiusmodi, quae auctoritatis nihil a canonicis, plurimum ab apocryphis habere videantur." ..... Darauf werden mehrere solcher Feste aufgezählt, und S. 109 läßt sich dann Tischendorf weiter vernehmen: „Singula autem, quae ex fontibus his evangelicae historiae apocryphis in ecclesiae vitam atque multiplicem usum transierunt, sensim in succum et sanguinem totius Christiani cultus conversa, si omnia in unum coniuncta tenemus, mens non potest non obstupescere. Tantum enim non unus alterve doctorum, sed ipsa ecclesia ab evangelii veritate, quae ex ipsius antiquae ecclesiae sano et cauto judicio in canonicis libris deposita est, tantum, inquam, ab evangelio ecclesia sensim deflexit, ut tempus illud triste, quod Paulus apostolus futurum praevidit, in epistola II. Timotheo suo scribens, fore ut a veritate quidem auditum avertant, ad fabulas vero convertantur, dudum venisse videatur." &c. &c.

Tischendorf sagt also, die katholische Kirche hat eine Menge Feste eingesetzt zum Andenken an Dinge, worüber in den canonischen Evangelien Nichts, in den apokryphen dagegen sehr Vieles gesagt ist. Also ist die katholische Kirche von der Wahrheit der Evangelien abgefallen und das prophetische Wort des Apostel Paulus an ihr wahr geworden: Es wird eine Zeit kommen, da sie von der Wahrheit das Ohr abwenden, nach Märchen aber sich hinwenden 2. Thimotheus IV, 4.

Ob es wahr ist, daß all' die von Tischendorf aufgezählten katholischen Feste in den Apokryphen Ursprung und Stütze haben, werden wir im dritten Abschnitte genauer untersuchen; hier sagen wir nur so viel: so lange nicht Tischendorf den Satz aufstellt und beweist: „Alles und Jedes in den apokryphen Evangelien ist Fabel; dieselben enthalten keine Spur von echt traditionellen Wahrheiten", ist er nicht berechtigt auf folgende Weise zu schließen: „Die katholische Kirche hat dies oder jenes aus den Apokryphen entnommen, also hat sie die Wahrheit des Evangelium verlassen und nach Märchen sich hingewandt."

Was sagt nun Tischendorf zu der Thatsache, daß eben die katholische Kirche die Apokryphen verdammt und die Benutzung derselben verboten hat? Das ist nach seiner Meinung nicht „ohne höhere Fügung" geschehen, damit der Abfall der Kirche von der Wahrheit desto offenbarer und die später von Luther ausgeführte „Reformation" der Kirche in ihrer Berechtigung und in ihrem Segen desto mehr erkannt werde. S. 109 sagt Tischendorf zu der Verurtheilung der Apokryphen durch die katholische Kirche:

„Quod sane mirum est, nec „sine numine", ut cum antiquis loquar, accidit, ut ipsa se suo jugularet gladio, providens, ne *errorem secutura errorem ignorasse videatur*." Und dann heißt es weiter: „Quae quum ita sint, Reformatores ecclesiae, quos XVI. saeculum vidit, evangelicae veritatis praeclari vindices eo ipso facti sunt, quod quidquid festorum aut rituum ab apocryphis potius, quam a canonicis profectum esset testibus, fidenter abrogarunt, neque quidquam, quod cum canone pugnaret, ad salutarem fidem pertinere praeceperunt."

Muß denn Alles, was von den canonischen Evangelien unerwähnt gelassen ist, schon darum mit ihren Berichten im Widerspruche sich befinden? Steht denn auch die Feier des Sonntags, die Spendung der heil. Taufe an unmündige Kinder, die Annahme einer bestimmten Anzahl von inspirirten Büchern mit dem Evangelium in Widerspruch?

Offenbar streitet wider das Evangelium die Behauptung, daß alle auf Christus bezügliche Wahrheit in dem neutestamentlichen Canon zu finden sei. Das sagt Tischendorf zwar nicht ausdrücklich, ja an einer andern Stelle behauptet er geradezu das Gegentheil, es ist aber die nothwendige Voraussetzung seines obigen Raisonnements, ohne die dasselbe völlig sinn- und grundlos bleibt.

Zweiter Theil.

§ 8. Positive Argumente für das Vorhandensein historischer und dogmenhistorischer Elemente in den apokryphen Evangelien.

Die canonischen Evangelien enthalten von dem Leben Jesu nur den kürzesten, freilich den wichtigsten Theil — sein öffentliches Lehren und Wirken; aber auch hievon, wie der heil. Johannes bezeugt (Joh. XX, 30; XXI, 25), nicht einen vollständigen Bericht. Aus dem verborgenen Leben Jesu erzählen sie nur einzelne wenige Begebenheiten und übergehen das Meiste mit völligem Stillschweigen. Ueber die Verwandten Jesu, seine Eltern und Großeltern, über seine Apostel und Jünger u. andere mit ihm während seines Lebens in Verbindung tretende Personen schweigen sie fast gänzlich, oder ihre Angaben darüber sind so kurz, daß der frommen Neugierde noch so gar Vieles, was sie gern erfahren möchte, übrig bleibt.

Dasselbe ist von den Reden Jesu zu sagen: auch darüber ist in den canonischen Evangelien nur zum geringsten Theile berichtet. Jedenfalls wußten die evangelischen Berichterstatter und die übrigen Apostel und Jünger von Jesu Lehren und Thaten, von seinen Verwandten und andern in der heil. Geschichte vorkommenden Personen, mehr als dasjenige, was in den neutestamentlichen Schriften enthalten ist; eben so gewiß ist es, daß sie in ihren mündlichen Predigten und in dem unmittelbaren innigen Verkehre mit den von ihnen gegründeten Christengemeinden Manches mitgetheilt haben, worüber die Evangelien schweigen. Dazu veranlaßte sie ohne Zweifel ihr eigenes hohes Interesse an ihrem Herrn und Meister und ebenso die fromme Neugierde ihrer Neubekehrten.

Daher war es sehr natürlich, daß man schon zu den Zeiten der Apostel (Lucas I, 1 fgd.) und bald nach ihnen anfing, die Mittheilungen der Apostel schriftlich zu verzeichnen resp. die bereits bekannt gewordenen canonischen Evangelien durch neue Aufzeichnungen zu vervollständigen, welche besonders die Jugendjahre Jesu, die Verhältnisse seiner Verwandten und anderer biblischen Personen zum Gegenstande hatten.

Das ist der Ursprung einer Menge von apokryphen Schriften des neuen Testamentes. Haben die Verfasser solcher Schriften nach bestem Wissen dasjenige niedergeschrieben, was sie von den Aposteln oder deren Gehülfen im Predigtamte erfahren hatten, so können wir von der Zuverlässigkeit ihrer Mittheilungen die vollste Ueberzeugung haben. Aber auch in dem Falle, daß die apokryphen Schriftsteller sich nicht bloß auf die apostolischen Berichte beschränkten, sondern aus dem unsichern Volksgerede und aus ihrer eigenen Phantasie Manches hinzufügten, dürfen wir ihre Schriften als lautere Quellen für eine

Menge von allgemein anerkanntem und wahrhaft auf apostolischer Mittheilung beruhendem traditionellen Material ansehen; einmal standen sie ja (zum Theil wenigstens) den apostolischen Zeiten so nahe, daß die apostolischen Traditionen ungefälscht ihnen zukommen mußten, und andererseits forderte die Absicht, für ihre eigenthümlichen Mittheilungen geneigte und gläubige Leser zu gewinnen, daß sie das allgemein Gekannte und Anerkannte nicht übergingen. Diese letztere Rücksicht war nicht minder sondern noch mehr geboten, wenn der apokryphe Schriftsteller wissentlich und absichtlich täuschen und fälschen wollte. Ein jedes geschichtliche Buch, mag sein Verfasser auch noch so leichtfertig und leichtgläubig in der Aufnahme seiner Berichte sein, mag er selbst absichtlich auf Fälschung der Geschichte ausgehen, enthält stets eine Menge von zuverläßigen Thatsachen; auch der historische Roman birgt unter der Hülle von poetischen Ausschmückungen geschichtlicher Data und Personen einen mehr oder minder großen Kern verbürgter historischer Wahrheit. Bei allen derartigen historischen Schriften, deren Verfasser entweder unbekannt oder von zweifelhafter Zuverläßigkeit, oder sogar von zweifelloser Unzuverläßigkeit sind, kommt es nur darauf an, mit sorgfältiger Kritik das Wahre vom Falschen, das Selbstgemachte des Autors von dem wirklich Geschehenen auszuscheiden. So auch bei den apokryphen Evangelien. Mögen ihre Verfasser unbekannt sein, mögen sie absichtlich oder unabsichtlich falsche Berichte liefern: in jedem Falle wird in ihnen neben dem Irrthümlichen auch zweifellos Zuverläßiges anzutreffen sein.

Diese Wahrheit, die sich aus der Natur der Sache von selbst ergiebt, wollen wir noch durch kompetente Zeugen aus alter und neuer Zeit bestätigen lassen.

Wie bereits an einer anderen Stelle erwähnt, enthalten die Schriften der griechischen Väter, auch der ältesten, einzelne Berichte aus dem Protevangelium Jacobi.

Bei Justinus Martyr[1] finden wir folgende Stelle: „Γεννηθέντος δὲ τότε τοῦ παιδίου ἐν Βηθλεὲμ, ἐπειδὴ Ἰωσὴφ

---

[1] Dialog. c. Tryphone cap. 78.

οὐκ εἶχεν ἐν τῇ κώμῃ ἐκείνῃ που καταλῦσαι, ἐν σπηλαίῳ τινὶ σύνεγγυς τῆς κώμης κατέλυσε καὶ τότε αὐτῶν ὄντων ἐκεῖ ἐτετόκει ἡ Μαρία τὸν Χριστὸν καὶ ἐν φάτνῃ αὐτὸν ἐτεθείκει. Cf. Protev. cap. XVIII; Historia de nativ. Mariae &c. cap. XIII.

Clemens Alexandrinus:[1] *Ἀλλ᾽*, ὡς ἔοικεν τοῖς πολλοῖς καὶ μέχρι νῦν δοκεῖ ἡ Μαριὰμ λεχὼ εἶναι διὰ τὴν τοῦ παιδίου γέννησιν, οὐκ οὖσα λεχώ· καὶ γὰρ μετὰ τὸ τεκεῖν αὐτὴν μαιωθεῖσαν φασί τινες παρθένον εὑρεθῆναι. (Ebenfalls mit den vorstehenden Apokryphen zu vergleichen.)

Origines:[2] *Δείκνυται τὸ ἐν Βηθλεὲμ σπήλαιον, ἔνθα ἐγεννήθη, καὶ ἡ ἐν τῷ σπηλαίῳ φάτνη, ἔνθα ἐσπαργανώθη. Καὶ τὸ δεικνύμενον τοῦτο διαβόητόν ἐστιν ἐν τοῖς τόποις καὶ παρὰ τοῖς τῆς πίστεως ἀλλοτρίοις, ὡς ἄρα ἐν τῷ σπηλαίῳ τούτῳ ὁ ὑπὸ Χριστιανῶν προςκυνούμενος καὶ θαυμαζόμενος γεγέννηται Ἰησοῦς.* Cf. l. c. ex Protev. et historia de nativ.

Mochten die vorgenannten Väter nun diese Berichte aus dem Protevangelium selbst oder aus der Tradition oder aus anderen schriftlichen Quellen entnommen haben: in allen drei Fällen finden wir eine Bestätigung unserer Behauptung.

Im ersten Falle haben wir den offenen, thatsächlichen Beweis dafür in dem Verfahren derselben; in den beiden anderen Fällen bürgt die Uebereinstimmung der von ihnen aus der Tradition oder aus irgend einem damaligen Schriftstücke angeführten Berichte mit den in den Apokryphen enthaltenen für die Zuverläßigkeit dieser letztern, wenigstens nach der Meinung der erwähnten Väter. Diese dürfen wir also mit Recht als Zeugen für unsere Behauptung anrufen.

Am meisten unter allen griechischen Vätern hat Epiphanius in seinen Schriften mit apokryphen Angaben Uebereinstimmendes; er hat absichtlich die Apokryphen, sogar die häretischen benutzt und hält dies für ein ganz vernünftiges Verfahren. Er sagt:

---

[1] Strom. lib. 7 p. 889 edit. Potter.
[2] Contra Celsum lib. I. c. 51.

„*Κἂν ἐκ τῶν ἀποκρύφων τι λάβωμεν, μηδεὶς ἡμᾶς ἐπιμεμφέσθω· αἱ γὰρ παρὰ τῶν ἐχθρῶν μαρτυρίαι ἀξιοπιστότεραί εἰσιν, ὥς φησιν ὁ Μέγας Βασίλειος.*"

Zu dieser Stelle bemerkt Tischendorf,[1] Epiphanius habe sagen wollen: wenn auch die Apokryphen auf Lug und Täuschung ausgehen, so haben sie doch auch auf die Wahrheit Rücksicht nehmen können und müssen; k ö n n e n, da sie schon in sehr früher Zeit entstanden; m ü s s e n, weil die Anführung des als wahr Anerkannten auch ihren falschen und lügenhaften Berichten zur Empfehlung diente.

Zu den genannten Zeugnissen könnten wir noch eine Menge anderer hinzufügen, z. B. von G r e g o r N y s s., G r e g o r N a z., J o h a n n e s D a m a s c., N i c e p h o r u s u. A.; indem wir diese jedoch übergehen, wollen wir nur noch auf die von T h i l o[2] und Anderen angeführte hier sehr hoch anzuschlagende Thatsache verweisen, daß in der griechischen Kirche beim öffentlichen Gottesdienste einzelne Stücke aus dem Protevangelium vorgelesen zu werden pflegten, m i n d e s t e n s ein Beweis dafür, daß man an dem Vorhandensein von wahren und erbaulichen Elementen in dem genannten apokryphen Evangelium nicht zweifelte.

Unter den lateinischen Vätern führe ich H i e r o n y m u s an, der, wenn er auch viele Erzählungen der Apokryphen, z. B. von einer ersten Ehe des heiligen Joseph, von den bei der Geburt Jesu anwesenden Hebammen, von der Ermordung des Z a c h a r i a s bei der Verfolgung des Herodes ꝛc. zurückweist, doch auch Einzelnes annimmt, z. B. die Geburt Jesu in einer Höhle, worin sich Ochs und Esel befanden, — freilich nicht auf das Ansehen der Apokryphen hin, sondern wegen des Zeugnisses der älteren Väter und der alttestamentlichen Weissagungen[3] — ein neuer Beweis für die Uebereinstimmung apokrypher Berichte mit traditionellen Elementen, die vom heiligen H i e r o n y m u s für zuverlässig angesehen wurden, also H i e r o n y m u s ein indirecter Zeuge für die Richtigkeit unseres Satzes.

---

[1] S. 166.
[2] S. LIX. u. LX.
[3] Thilo S. XCIII.

Noch will ich darauf hinweisen, daß die katholische Kirche in ihren lehramtlichen Entscheidungen und in der Aufstellung gewisser Feste thatsächlich das Vorhandensein von wahren Elementen in den Apokryphen anerkannt hat; ich komme hierauf im dritten Abschnitte zurück und führe beispielshalber nur an: „die Lehre von der Anrufung und Verehrung Maria's, die Lehre von der Virginität Maria's vor, in und nach der Geburt Jesu, die Lehre von den Schutzengeln, das Fest von Joachim und Anna, das Fest von der Darstellung Maria's im Tempel u. s. w. Von all' diesem ist in den Apokryphen die Rede.

Hat die katholische Kirche, welche die Apokryphen kannte und verworfen hatte, dennoch Manches adoptirt, was in denselben seine Stütze findet, so kann sie bei der stets in ihr herrschenden Sorgfalt für die Reinerhaltung ihrer Lehre und die Berechtigung zu ihren Uebungen nur durch die laute und deutliche Stimme der Tradition zu jener Annahme bewogen worden sein; wir erlauben uns hier, anderer Meinung zu sein, wie Tischendorf, welcher oben, wie wir angeführt haben, bemerkte, die Proscription der Apokryphen durch die katholische Kirche und die spätere Benutzung derselben bei Aufstellung von gewissen Festen sei nicht ohne „göttliche Fügung" geschehen, ut ipsa (ecclesia) se suo jugularet gladio, providens, ne errorem secutura errorem ignorasse videatur. Wir schließen auf andere Weise: Hat die katholische Kirche die Apokryphen proscribirt und dennoch Einiges in ihrer Lehre und in ihren Festen aufgenommen, was mit apokryphen Angaben conform ist, so hat die Kirche für die Aufnahme dieser Lehren und die Aufstellung der betreffenden Feste die allerstärkste Berechtigung in der Tradition finden müssen.

Nach diesen indirecten Zeugnissen lassen wir noch einige Stellen aus katholischen und protestantischen Schriftstellern folgen, welche in directer Weise durch klare und gewichtige Gründe die Wahrheit unseres Satzes bestätigen.

Der hochberühmte Benediktiner und gründliche Kenner der heil. Schrift, Calmet schreibt über die Apokryphen:[1]

---

[1] Dissertat. in V. et N. T. tom. III. p. 418.

„Les auteurs de ces pièces fausses supposaient toujours certains faits reconnus de tout le monde. Sans cela personne n'aurait voulu les recevoir. Les faiseurs des Romans ne feignent pas tout ce qu'ils rapportent: ils conservent les noms, les principales circonstances de la vie de leurs héros; ils ont grand soin de ne pas s'élogner de leurs caractères. Rien n'obligeait ceux, qui composaient ce récit (Protévang.) dans un temps si voisin des apôtres et où la mémoire des père et mère de la sainte vierge étoit si récente, de feindre les noms de Joakim et d'Anne. Ils auraient agi contre leur interêt et contre leur intention par une telle fiction. Ç'aurait été décréditer de gayeté de coeur leur propre ouvrage. Nous croyons donc, qu'ils savaient parfaitement, que le nom du père de Marie était Joakim et que celui de sa mère était Anne."

Diese Bemerkungen Calmet's sind so treffend, daß sich ihnen gewiß nichts Stichhaltiges entgegen setzen läßt; wir fügen nur hinzu, daß dieselben Gründe, welche für die Richtigkeit der Namen Joakim und Anna sprechen, auch auf andere Berichte in den Apokryphen Anwendung finden, auf solche besonders, über welche die Zeitgenossen der apokryphen Verfasser aus dem noch lautern und ungetrübten Flusse der Tradition Kenntniß haben konnten und mußten; z. B. würde gewiß kein apokrypher Schriftsteller die Aufopferung und Erziehung Maria's im Tempel in seinen Bericht aufgenommen haben, wenn die Aufopferung und Erziehung jüdischer Mädchen im Tempel ohne Bei= spiel gewesen wäre. —

Der um die Vertheidigung christlicher Wahrheit hochverdiente Ver= fasser der so sehr geschätzten und verbreiteten „Philosophischen Studien über das Christenthum" August Nicolas — ein Mann mit höchst beredter und gewandter Feder, der als Laie auch in theologischen Dingen eine seltene Belesenheit und Urtheilsfähigkeit besitzt — äußert sich über die Bedeutsamkeit der apokryphen Evangelien folgendermassen: [1] — wir erlauben uns die ziemlich lange Stelle vollständig hieher zu setzen —

---

[1] Nicolas, la sainte vierge vivant dans l'église tom. II. p. 36 seq.

„Ces monuments (apocryphes orthodoxes) ont (cependant) une réelle importance qu'à un certain point de vue une critique judicieuse doit apprécier.

D'abord il est permis de voir, sur plusieurs points, des évènements vrais, dont la tradition vivante dans les souvenirs publics du temps s'est déposée dans ces récits; et de ce nombre est, par exemple, la présentation de la sainte vierge au temple.

Ensuite dans ce qui est douteux ou inexact quant aux faits en eux-mêmes, il faut y voir, comme dans toute légende même fausse, une empreinte de l'esprit du temps, des dispositions des âmes, de l'impression faite en elles par les évènements qui ont eu lieu et par les personnages qui ont agi dans l'histoire. — Nous avons l'histoire — l'évangile — et nous en recevons telle ou telle impression d'admiration et de culte pour la mère du Christ. Mais ce sentiment qu'on prétend être conçu sous l'empire d'un préjugé catholique postérieur à l'évangile, ne resulte-t-il pas de l'évangile même et des évènements, dont il fait le récit? Là est la question. Or, quelle meilleure manière, de la résoudre, que de consulter l'impression immédiate, naïve, spontanée que l'histoire évangélique a faite dans la société contemporaine?

Eh bien! Les apocryphes sont des témoins vivants de cette impression, c'est le cortège populaire de Jesus et de Marie qu'il nous est donné d'approcher et en qui nous recevons l'idée et les sentiments qu'ils ont produits dans les masses, le dégré de culte, dont ils ont été l'objet. Il n'importe pas de savoir précisément si tout ce qu'on en dit est vrai: là-dessus la critique se peut donner carrière; il s'agit de savoir ce qu'on en pense, l'idéal qu'on s'en est formé, et c'est uniquement pour cela qu'il s'agit de savoir ce qu'on en dit. Ce qu'on en dit, fut-il mêlé de fables, non seulement cela ne nuirait pas à la révélation de ce qu'on en pense, mais cela même le ferait connaître davantage en le montrant jusqu'à ce dégré, où l'imagination émue n'a pas assez de la vérité et se satisfait par l'invention; et la même critique qui rejette celle-ci (l'invention), garde et recueille l'idéal qui s'y trouve contenu.

Enfin les apocryphes servent à reconnaître davantage la vérité de l'évangile, en faisant ressortir la majestueuse simplicité, la céleste véracité des évangiles tracés à la *manière de Dieu*, par leur comparaison avec des évangiles amplifiés à la *manière de l'homme*.

Obschon also die Apokryphen, um in Kürze die Hauptgedanken aus der citirten Stelle von Nicolas zu wiederholen, von der Kirche verworfen wurden, entweder weil sie erstens nicht von den Verfassern herrührten, deren Namen sie trugen, oder weil sie zweitens vermischt sind mit zwar kindlich frommen und wohlgemeinten, aber legendenhaften Berichten, die vor der Kritik nicht bestehen, oder drittens weil ihnen die Würde der Inspiration fehlt, so haben sie doch auch ihre große Wichtigkeit, die von einer vernünftigen Kritik wohl zu schätzen ist.

Zuerst nämlich berichten sie in mehreren Punkten, gleichsam als Depositäre der lebendigen Tradition, zuverlässig wahre Begebenheiten.

Zweitens sind auch ihre historisch zweifelhaften, ungenauen und falschen Mittheilungen dennoch wichtig zur Erkenntniß der durch die wahren evangelischen Berichte in den Gläubigen hervorgerufenen Stimmungen, zur Constatirung des unmittelbaren unbefangenen, spontanen Eindruckes, den die in der evangelischen Geschichte vorkommenden Begebenheiten und Personen auf die Gemüther der ersten Christen gemacht haben.

Mögen z. B. eine Menge Wunder aus der Aufenthaltszeit in Egypten Product der dichtenden Phantasie sein: sicher haben sie die Ueberzeugung zur Voraussetzung, daß Jesus Christus von frühester Jugend an „die Herrlichkeit besaß als des Eingebornen vom Vater" voll göttlicher Macht und Gnade. Aehnlich verhält es sich ja auch mit manchen unzuverlässigen Berichten aus der profanen Geschichte. Vom alten Fritz werden eine Menge Anekdoten erzählt, die, zum Theil wenigstens, historisch unzuverlässig sind; allein die Thatsache ihrer Erfindung zeugt dafür, wie sehr man überzeugt war von einer solchen Eigenthümlichkeit des Königs in Charakter, Geist und Gemüth, wie sie in diesen Anekdoten hervortritt. Und wenn alte Krieger, die in den Armeen Napoleons gedient hatten, später am heimathlichen Heerde im Kreise ihrer gespannt lauschenden Nachbaren von ihren Heldenthaten erzählten und die Leutseligkeit des Kaisers rühmten, der nach dieser oder jener Schlacht in herzlichster Weise mit ihnen gesprochen, aus ihrer Feldflasche getrunken, und von ihrem Brode gegessen habe: so dienen solche Erzählungen, mögen sie auch ganz oder theilweise auf Fiction oder Illusion beruhen, doch dazu, uns die historisch verbürgte Thatsache von der Macht des Kaisers auf die Gemüther der Soldaten, von seiner öfteren familiären und herzlichen Weise des Verkehrs mit ihnen noch mehr zu bestätigen.

Endlich drittens wird durch die apokryphen Evangelien in uns der Glaube an die Göttlichkeit der wahren erhöht, sowohl deswegen, weil allen die Gewißheit von den großen und wunderbaren Thatsachen aus dem Leben des menschgewordenen Gottessohnes zu Grunde lag, als auch, weil sie recht deutlich uns die Verschiedenheit der canonischen Evangelien als eines unter Gottes Mithülfe entstandenen Werkes — von den Apocryphen — als bloßem Menschenwerke — erkennen lassen.

Wenden wir uns jetzt zu den Aeußerungen protestantischer Schriftsteller über den historischen und dogmenhistorischen Werth der Apokryphen.

Wir bemerken im Voraus, daß wir im Ganzen bei den Protestanten wenig Geneigtheit antreffen, den Apokryphen in der angegebenen Hinsicht großen Werth beizulegen. Der Grund hierfür liegt nahe — einmal in dem Formalprinzip des Protestantismus, in der Beschränkung der Erkenntnißquellen des religiösen Glaubens auf die Berichte der heil. Schrift [1] und dann in dem Umstande, daß die

---

[1] Hofmann, Vorwort V.: „Der Verfasser hat sich Jahre lang mit dem Studium der Apokryphen beschäftigt, und unter dem Gewinn, welchen er daraus gezogen hat, rechnet er den nicht als den kleinsten an, daß er immer mehr gelernt hat, das Evangelium als das theuerste Kleinod seines Lebens zu betrachten, sich daran zu klammern, als an den einzigen Glaubensanker, daraus zu schöpfen, als aus dem einzigen Lebensbrunnen."

Apokryphen sich soviel mit Dingen beschäftigen, welche die protestantische Lehre perhorreszirt, z. B. mit Maria und ihrer Verherrlichung.

In dieser Hinsicht heißt es bei Hofmann (Vorwort VI):

„Die Apokryphen des Neuen Testaments enthalten einen reichen Stoff für dogmengeschichtliche und archäologische Untersuchungen, und nicht leicht dürfte etwas anderes reichere Beiträge zu einer Charakteristik des entarteten Christenthums liefern, als die Gebilde des christlichen Aberglaubens in den Apokryphen."

Nichts bestoweniger — ob mit oder ohne Consequenz, das bleibe dahin gestellt — bieten auch diejenigen Protestanten, welche in den letzten Jahrzehnten über die Apokryphen geschrieben haben — wir führen an Arens, Hofmann, Tischendorf — uns eine Menge Aeußerungen, die unserm Satze zur Bestätigung dienen.

Arens (S. 30) acceptirt aus den Apokryphen u. A. die Namen Joachim und Anna; ferner findet er die Lehre von den Schutzengeln in den Apokryphen deutlich ausgesprochen, hist. Josephi C. 13 vergleicht er mit Math. 18. 10 und Acta XII, 15.

Hofmann (Vorwort VII) gesteht, „daß die apokryphen Evangelien einen hauptsächlichen Werth haben für die Erklärung der canonischen Evangelien." „Viele dunkle Stellen der canonischen Evangelien," sagt Hofmann, „erhalten Licht aus den apokryphen Evangelien, Lücken werden ausgefüllt, Ereignisse in den rechten Zusammenhang gestellt, einzelne Momente in ihren Beziehungen erweitert."

Tischendorf, von welchem man nach dem oben Citirten keine günstigen Aeußerungen für den historischen Werth der Apokryphen erwarten sollte, kann doch nicht umhin, — einige fünfzig Seiten weiter — die Frage nach den historischen Elementen in den Apokryphen folgendermaßen einzuleiten. Seite 165 fgd. schreibt er:

„Una restat quaestio, eaque omnium facile gravissima. Quum enim historicum potissimum genus profiteantur, multa vel tota in describendis rebus, quae spectant Jesu vitam, quaeritur, quid tandem huic vitae lucis afferant. Negata enim omnibus quidem authentiae laude, tribus vel potius quatuor iisque Graece scriptis, *summa concessa est vetustas, ad quam et copiosa et locuples evangelii fama facile pertinere poterat. Accedit*, quod evangelistae brevissimam tantum partem vitae Jesu narrant, alia leviter indicantes, alia prorsus silentio praetereuntes. Tradit etiam Lucas, jam ante se multos res Christi literis mandasse, quemadmodum Joannes testatur, multa alia a Jesu signa facta se non notasse (XX. 30) omnia vero si conscriberentur, libros scribendos vix posse capi."

Seite 167, wo er das einzelne historische Material der apokryphen Evangelien untersucht, erklärt auch er sich einverstanden mit ben Namen der Eltern Maria's, Joachim und Anna.

Seite 172 spricht er sich zwar gegen die Annahme der perpetua virginitas B. M. aus, weil ihm dieselbe nicht zu stimmen scheine mit den Angaben der Evangelisten Mathäus und Lukas, nach welchen man annehmen müsse, daß Joseph nach der Geburt Jesu mit Maria in ehelichem Umgange gelebt habe;[1] er nimmt indeß vier leibliche Brüder Christi an, indem er darin eine Uebereinstimmung der apokryphen Evangelien mit den canonischen findet. Aus dem Gesagten geht klar hervor, einerseits, daß Tischendorf principiell mit unserm Satze einverstanden ist, andererseits daß er seine Untersuchung unter dem Einflusse protestantischer Vorurtheile geführt hat.

Zum Schlusse dieses Abschnittes wollen wir noch eine Stelle aus einer Recension des Codex apocr. von Thilo anführen, welche enthalten ist in den „**Annalen der gesammten Theologie und christlichen Kirche**"[2]: „Hochwichtig ist das Werk, besonders für

---

[1] Heißt es bei Math. von Joseph: „Er erkannte sie nicht, bis sie ihren erstgebornen Sohn gebar" (I, 25; Luc. II, 7), so will nach der Bemerkung des h. Hieronymus „die Schrift nur anzeigen, was nicht geschehen sei" (Hier. in c. 1 Math.). Genes. 8, 7 schreibt Moses von dem Raben, den Noa aus der Arche entließ: „Er kam nicht wieder, bis das Wasser vertrocknete auf der Erde"; gewiß wollte der Schriftsteller nicht sagen, er sei später zurückgekehrt.

Die Brüder Jesu, welche Math. 13, 55 erwähnt, waren seine Verwandten. Genesis 13, 8 sagt Abraham zu Lot, dem Sohne seines Bruders Aran: „wir sind Brüder".

[2] II. Bd. 1. Heft S. 15, April 1834.

den Exegeten und Kritiker, für den Forscher der Dogmatik der häretischen Secten, für den Psychologen, ja für jeden Theologen, welcher unsere canonischen Evangelien mit den apokryphen Fabeln und widersinnigen Fictionen vergleichen und dadurch die Ehrfurcht vor jenen kraft der Wirkungen des Betrachtes befestigt und gesteigert sehen wird. Uebrigens findet sich auch in den Apokryphen so manches Wort, welches Jesu und seines Geistes vollkommen würdig ist, und allerdings aus mündlicher Tradition seiner Lehren herrühren kann. Auch in dieser Hinsicht ist die Wichtigkeit des Werkes anzuerkennen."

Wir sehen keinen Grund, die Zuverlässigkeit der Apokryphen nur auf einzelne Reden Jesu zu beschränken und nicht auch auf die eine oder andere Thatsache und Begebenheit, die in Betreff Christi von den Apokryphen erzählt wird, auszudehnen.

Was die Reden Christi anbelangt, so versteht sich von selbst, daß er außer dem in den canonischen Evangelien Angeführten noch manches Andere gesprochen hat; schon d. h. Paulus erwähnt (Act. XX, 35) einen Ausspruch Christi: „$\mu\alpha\varkappa\acute{\alpha}\varrho\iota\acute{o}\nu\ \acute{\varepsilon}\sigma\tau\iota\ \delta\iota\delta\acute{o}\nu\alpha\iota\ \ddot{\eta}\ \lambda\alpha\mu\beta\acute{\alpha}\nu\varepsilon\iota\nu$", der in keinem der canonischen Evangelien vorkommt. Hofmann hat § 73, 74, 75, eine Menge von Sprüchen Christi, zum Theil sehr schöne und Christi würdige, zusammengestellt, welche entnommen sind aus mehreren apokryphischen Evangelien, z. B. der historia Josephi C. 1 (von dem zukünftigen Leben) C. 30—32 (von der allgemeinen Todesnothwendigkeit), ferner aus Schriften der ältesten Väter: Clemens Rom., Clemens Alex., Barnabas, Justinus Martyrer, Jrenäus, Origenes, Hieronymus, u. A.; ferner noch den überaus merkwürdigen Briefwechsel zwischen Abgar, Statthalter von Syrien, und Christus (Eusebius hist. eccl. 1, 13).

Nachdem wir nun durch sorgfältige Untersuchung zu dem sichern, unbezweifelbaren Resultate gelangt sind, daß die apokryphen Evangelien in der That zuverlässig historische und dogmenhistorische Elemente enthalten, wollen wir, den allgemeinen Theil unserer Aufgabe verlassend, uns der speciellen Frage nach den einzelnen in den Apokryphen sich vorfindenden zuverlässigen Angaben zuwenden. Wir sagen im Voraus, daß wir diese ebenso interessante als wichtige Frage nicht erschöpfend zu behandeln gedenken: das würde sowohl die Grenzen, die wir für diese Abhandlung uns gesteckt haben, als auch unsere Kräfte übersteigen; es genügt uns, hier nur einige Proben von, wie wir glauben, zweifellos wahren und richtigen apokryphen Angaben vorzulegen und zwar vorzugsweise solche, die für den Katholiken insofern practisches Interesse haben, als sie mit Lehren und Uebungen seiner Kirche übereinstimmen.

Dritter Abschnitt.

§ 9. Einzelnes Historische und Dogmenhistorische aus den apokryphen Kindheitsevangelien.

In § 2 (der Einleitung) sagten wir, von Tischendorf und Hofmann werde die katholische Kirche beschuldigt, in ihren Lehren und Gebräuchen von der Reinheit und Wahrheit der canonischen Evangelien dadurch abgewichen zu sein, daß sie einen Theil derselben (Lehren und Gebräuche) auf Grund apokrypher Berichte aufgestellt habe.

Wir haben schon früher bemerkt (§ 7), daß der Kirche kein Abfall von der Wahrheit aus der Uebereinstimmung einer ihrer Lehren oder Gebräuche mit apokryphen Angaben zur Schuld gemacht werden könne, wenn der Satz richtig ist, daß auch die Apokryphen Reste historischer und dogmenhistorischer Wahrheit enthalten.

Indem wir jetzt genauer auf die der Kirche gemachten Vorwürfe eingehen, werden wir einerseits zeigen, daß ein Theil jener Vorwürfe deßhalb unbegründet ist, weil factisch entweder die bestrittenen Lehren und Gebräuche nicht die apokryphen Berichte zu ihrer Grundlage haben, oder nicht Lehren und Gebräuche der Kirche sind, andererseits daß da, wo wirklich Theile aus den Apokryphen von der Kirche adoptirt wurden, dies nur geschah, weil es solche Puncte waren, die in einer zuverlässigen Tradition ihre Bestätigung fanden: also nicht irgend ein den Apokryphen zugestandener auctoritativer Character bestimmte die Kirche, das Eine oder Andere aus ihnen zu entnehmen, sondern vielmehr die Kirche entnahm der lautern und klaren Tradition auch solche Puncte, welche zufällig in den sonst trüben Quellen der Apocryphen sich vorfanden.

Der Nachweis dieser Behauptung wird den **ersten Theil** unseres **dritten Abschnittes** bilden; in einem **zweiten Theile** desselben werden wir sodann noch einige andere Berichte der apokryphen Evangelien hervorheben, welche nach unserer Meinung für zuverlässig gelten können, die aber in den lehramtlichen Entscheidungen und in den Festverordnungen der Kirche keine Berücksichtigung gefunden haben.

Erster Theil.

§ 10. Was hat die katholische Kirche in ihren Lehren und Gebräuchen mit den Apokryphen Uebereinstimmendes?

A. Unsere Antwort auf vorstehende Frage lautet zuerst negativ: Vieles von dem nicht, was Tischendorf und Hofmann vorbringen.

I. Beschäftigen wir uns zuerst mit Tischendorf:

Seite 102 sagt er, daß mehrere Feste in der katholischen Kirche Aufnahme gefunden hätten zum Andenken an solche Dinge, die in den canonischen Evangelien gar keine, in den apokryphen dagegen eine sehr große Stütze fänden (in memoriam rerum ejusmodi, quae auctoritatis nihil a canonicis, plurimum ab apocryphis habere videantur), dann fährt er fort:

„Tale est *festum nativitatis Mariae*, quod in diem 8. mensis Septembris incidit. Hoc non institui potuit, antequam tam mira tamque praeclara de ortu Mariae crederentur, qualia, ut identidem vidimus, proposuit Pseudo-Jacobus, iique, qui hunc secuti sunt, atque compleverunt. Contra quid tandem evangelistae narrant, quod talem Mariae cultum suadere potuerit?"

Antworten wir hierauf, ehe wir Weiteres von Tischendorf anführen.

Sollte in der That das Fest der Geburt Maria's nicht haben in der Kirche eingeführt werden können, ohne daß jene wunderbaren Berichte aus den Apokryphen zur Verherrlichung der Gottesmutter von der Kirche anerkannt worden wären? Nach der Meinung Tischendorf's wäre dies also, wäre alles dasjenige Motiv dieses Festes, was die Apokryphen über die eigenthümlichen Vorgänge erzählen, die der Geburt Maria's vorangingen. Allein das ist eine willkürliche, unbegründete Voraussetzung. Die Geburt Maria's ist nicht deßwegen Gegenstand der kirchlichen Festfeier, weil von ihr eine hohe ruhmvolle Abstammung berichtet wird, nicht weil ihre Geburt auf eine ungewöhnliche, von Engeln ihren Eltern mitgetheilte Verheißung erfolgte, sondern: „die Würde ihrer Gottesmutterschaft und die diesem einzigen und erhabenen Verhältnisse Maria's zu dem Sohne Gottes und dem gesammten Erlösungswerke entsprechende, von der Makel der Erbsünde freie Geburt", das sind die Motive, welche die Kirche bewogen, den Geburtstag Maria's durch eine vorzügliche Feier zu verherrlichen.[1] Die Würde der Gottesmutterschaft, ein Vorzug, der Maria's Vorrang über alle Geschöpfe, über die Engel und Heiligen des Himmels begründet, ist auch der vorzüglichste Grund heiligen Festjubels am Gedächtnißtage ihrer Geburt: Das hat die Kirche deutlich ausgesprochen in den Antiphonen dieses Festes, z. B. (*Antiphona ad Benedictus.*) Nativitatem hodiernam perpetuae virginis Genitricis Dei Mariae solemniter celebremus, qua celsitudo throni processit. (*Antiphona ad Magnificat.*) Nativitas tua, Dei Genitrix virgo, gaudium annuntiavit universo mundo: ex te enim ortus est sol justitiae, Christus Deus

---

[1] In dem kirchlichen Officium dieses Festes kömmt auch nicht die Spur vor von all' den apokryphen Wundern, die der Geburt Maria's vorhergegangen sein sollen.

noster: qui solvens maledictionem, dedit benedictionem: et confundens mortem, donavit nobis vitam sempiternam."

Und diese ihre Würde, ϑεοτόκος zu sein und nicht bloß χριστοτόκος, weil der von ihr Geborne θεὸς σὰρξ γενόμενος und nicht bloß θεοφόρος oder θεοδόχος war, diese Würde, Gottesmutter zu sein, war auch der Grund ihrer weiteren Gnadenvorzüge, insbesondere desjenigen, frei von der Makel der Erbsünde ins Leben zu treten. Diese Auszeichnung wird allerdings auch in den Apokryphen erwähnt (Evangelium de Nativitate C. 3.), wo der Engel zu Joachim redet: „Dein Weib Anna wird Dir eine Tochter gebären, und Du sollst ihren Namen Maria nennen; dieselbe soll, wie ihr gelobt habt, von Kindheit an dem Herrn geweiht sein und wird schon vom **Mutterleibe an von dem heiligen Geiste erfüllt sein.**" Allein die Kirche hat ihre Ueberzeugung von der makellosen Geburt Maria's nicht erst aus den Apokryphen zu entnehmen brauchen.

Das Wort des Erzengels Gabriel an Maria: „Du bist voll der Gnade,".... „Das Heilige, was aus Dir geboren wird, wird Sohn Gottes genannt werden," verbürgt ihre makellose Geburt. Oder sollte Maria geringere Gnaden von Gott empfangen haben, als Jeremias und Johannes der Täufer, die schon im Mutterschooße geheiligt wurden (Jerem. I., 5., Luc. I., 15.), weil sie in außerordentlicher Weise berufen waren, Organe Gottes zur Vorbereitung auf Christus und dessen Erlösung zu werden, da diese doch in ungleich geringerer Beziehung zu Christus und der Erlösung des Menschengeschlechtes standen, als Maria, von welcher Christus seinen menschlichen Leib angenommen hat?

Wahrlich, das Fest der Geburt Maria's verdankt nicht den Apokryphen seinen Ursprung, sondern hat seine festeste Basis in der Würde Maria's und ihrer ausgezeichneten Gnadenfülle, wie sie aus den Berichten der canonischen Evangelien hervorstrahlen. [1]

Vernehmen wir Tischendorf weiter!

---

[1] Vgl. Benedict XIV. de hoc festo.

An zweiter Stelle führt derselbe das Festum praesentationis Mariae (21. November) an.

Wir übergehen einstweilen seine Aeußerungen darüber, weil wir später, an geeigneter Stelle, darauf zurückkommen werden.

Tischendorf fährt fort:

„*Tertium* est, quod ecclesia Romana recepit, festum *desponsationis* Josephi et Mariae die 23. mensis Januarii. Ad hoc, quod in Pilati actis C. 2 adversus Judaeos calumniantes, Jesum ex fornicatione natum esse, duodecim testes prodeunt, urgentes illud, se in ipsa Mariae desponsalia (εἰς τὰ ὅρμαστρα Ἰωσὴφ καὶ Μαρίας) interfuisse."

Es ist wirklich zu verwundern, wie Tischendorf eine so sonderbare Behauptung aufstellen konnte. Die Thatsache der Desponsatio (wohl richtiger Vermählung als Verlobung nach Benedict, XIV.) ist doch sicher in den canonischen Evangelien mehr als hinreichend ausgesprochen. In den bestimmtesten Worten wird in den Evangelien Joseph der Mann Maria's und Maria die Frau des Joseph genannt. Math. I., 16. heißt es: „Jacob zeugte Joseph, den Mann Mariens." V., 19.: Joseph aber, ihr Mann, der gerecht war 2c." V., 20.: „Joseph, Sohn Davids, fürchte nicht, Maria, dein Weib zu dir zu nehmen." V., 24.: „Da nun Joseph vom Schlafe erwachte, that er, wie des Herrn Engel ihm befohlen hatte und nahm sein Weib zu sich." Luc. II., 4. 5.: „Es ging auch Joseph zur Stadt Davids, die Bethlehem heißt, auf daß er sich aufzeichnen ließe mit Maria, seinem vermählten Weibe u. s. w."

Die Thatsache, die diesem Feste zu Grunde liegt, ist demnach durch die canonischen Evangelien wohl verbürgt, so daß die Kirche nicht nöthig hatte, dafür die Apokryphen auszubeuten, aber diese Thatsache ist auch ohne die Apokryphen wichtig in der Geschichte unseres Heiles, schon deßwegen, weil durch die Vermählung Maria's mit Joseph, „dem Sohne Davids"; (Math. I., 20.) auch Jesus als Sohn Davids — in dem ersten Merkmale der Messiaswürde — bei seinem Volke eingeführt wurde. Noch in anderer Beziehung hebt

Ignatius Martyr (also zu einer Zeit, wo man an die acta Pilati noch nicht dachte) die Wichtigkeit dieser Vermählung hervor und der heilige Hieronymus urtheilt darüber in folgenden Worten, welche die Kirche in der Homilie des Festofficium anführt.[1]

„Quare non de simplici virgine, sed de desponsata concicitur? *Primum* ut per generationem Joseph origo Mariae monstraretur; *secundo*, ne lapidaretur a Judaeis ut adultera; *tertio*, ut in Aegyptum fugiens haberet solatium. Martyr Ignatius etiam *quartam* addidit causam, cur a desponsata conceptus sit; „ut partus, inquiens, ejus celaretur diabolo, dum eum putat non de virgine, sed de uxore generatum."[2]

Um für die Einsetzung des Festes „desponsatio B. M." Gründe zu finden, brauchte also die Kirche nicht die acta Pilati zu consultiren: sie fand deren genug in den canonischen Evangelien, in dem Briefe des heiligen Ignatius und bei Hieronymus.

Noch ein viertes Fest der Kirche rechnet Tischendorf in die Categorie der genannten:

„*Quartum* est festum, quod fabulositate originis cetera etiam superat, in memoriam *immaculati conceptus Deigenitricis* apud Latinos (8. Dec.) et Graecos (9. Dec.) institutum. In horologio Graecorum dicitur „ἡ σύλληψις ἁγίας καὶ θεοπρομή-

---

[1] Hieron. lib. I. comment. in c. I. Math.

[2] Zu dieser Stelle des Ignatius (epist. ad Ephes. c. 19) bemerkt Malbonat (comment. in Math. c. 1, 18): „Hanc rationem malo libere fateri me non intelligere, quam temere reprehendere."

Dagegen erklärt Estius die tiefsinnigen Worte des h. Ignat. M. sehr schön also (Estii in 4 sentent. distinct. 30 § 7): „Unde quia B. Virgo virum habebat, nec integritatem ejus nec concipiendi modum perscrutatus est (diabol.); sed, ut ait Basilius, virgines innuptas praecipue observabat, quia Virginem parituram, ex propheta didicerat. Quod si extra matrimonium virgo fuisset impraegnata, virgineum illum conceptum et partum cognovisset diabolus hoc argumento: „concepit extra matrimonium, non ex fornicatione; neque enim id me lateret, qui sum auctor fornicationis: ergo concepit de spiritu sancto."

τόπος Ἄννης." Id *sine dubio* iis nititur, quae Protevang. c. 4 et Evang. de nativ. Mariae c. 2 seqq. circa conceptionem Annae post tam diuturnam sterilitatem omnium exspectationem superantem exponuntur; unde, quomodo ipsam immaculatam conceptam esse conjicerent, supra indicatum est, quum quinque menses, intra quos Annae sterilitas soluta est, maritum Joachimum absentem dici urgebamus."

Um diese Anklage Tischendorf's verständlich zu machen und ihre Grundlosigkeit zu zeigen, sind wir genöthigt, die Erzählungen der Apokryphen über diesen Gegenstand, wenigstens auszugsweise, mitzutheilen:

„Joachim und Anna, die Eltern Maria's, lebten zwanzig Jahre lang wohlgefällig vor Gott und geliebt von den Menschen in keuscher Ehe, ohne Kinder zu erzeugen.[1] Da machten sie ein Gelübde, daß, wenn der Herr ihnen Nachkommenschaft schenke, sie dieselbe seinem Dienste weihen wollten, weßwegen sie auch zu den einzelnen Festen des Jahres den Tempel des Herrn zu besuchen pflegten. Es nahte aber der große Tag des Herrn (vielleicht ist das Versöhnungsfest gemeint) und die Kinder Israels brachten Ihm Geschenke dar.

Da zog auch Joachim mit seinen Stammgenossen hinauf gen Jerusalem, und, als er unter seinen Landsleuten da stand mit seinen Gaben, trat zu ihm Ruben, der Tempelschreiber, und sprach: „Wie kannst du dich anmaßen, da du unfruchtbar bist, zu stehen unter den Fruchtbaren; es könnten doch deine Geschenke nicht Gottes würdig sein, da er dich für unwürdig erklärt hat der Nachkommenschaft; denn die Schrift sagt: Verflucht sei, wer nicht Samen zeugt in Israel u. s. w.[2]

Da ward Joachim, in dieser Weise beschämt, sehr traurig, und kehrte nicht nach Hause zurück, sondern ging zu seinen Heerden und

---

[1] Das soll nicht heißen: „sine commixtione carnali", sondern nur in tabelfreier Ehe quoad obligationes, quae etiam ad matrimonio junctos pertinent. Vgl. Hofmann S. 19.

[2] Vgl. hierzu Hofmann S. 12—14.

nahm mit sich seine Hirten in das Gebirge weit fort. Daselbst machte er sein Zelt und fastete vierzig Tage und vierzig Nächte, und sprach bei sich selbst: ich will nicht hinab gehen weder zum Essen noch zum Trinken, bis der Herr sein Gesicht zu mir neigt."

Den so getrennten Ehegatten erscheinen dann Engel des Herrn, um sie zu trösten durch die Verheißung baldiger Nachkommenschaft. Joachim wird zur Rückkehr zu Anna, seiner Frau ermahnt. — Bis hierhin stimmen die drei apokryphen Evangelien, denen wir die vorstehende Erzählung entnehmen, nämlich *Protevangelium*, *Evangelium de Nativitate Mariae* und *historia de Nativitate Mariae* so ziemlich überein; nur in der Zeitbestimmung für die Abwesenheit Joachims nach der an öffentlicher Stätte erlittenen Kränkung sind sie verschieden.

Nach dem Protevangelium dauerte diese Abwesenheit vierzig Tage und vierzig Nächte, nach der historia de Nativitate Mariae fünf Monate, in dem Evangelium de Nativitate Mariae ist sie unbestimmt gelassen.

Während dieser Zeit der Abwesenheit Joachims soll Anna, wie Tischendorf sagt, empfangen haben und zwar in übernatürlicher Weise, etwa wie Maria später, vom heiligen Geiste, und diese auf übernatürliche Weise bei Anna bewirkte Aufhebung ihrer Unfruchtbarkeit, habe die katholische Kirche in ihrer über und über fabelsüchtigen Leichtgläubigkeit, als Fundament für das Fest der unbefleckten Empfängniß Maria's angenommen.

Nachdem wir diese Bemerkungen zur genauen Feststellung der Anklage Tischendorfs vorangeschickt, antworten wir mit ruhigem Ernste:

1) Da Tischendorf sagt, dieses Fest stütze sich auf dasjenige, was im Protevangelium C. 4 und Evangelium de Nativitate C. 2 fgb. über die gegen alle Erwartung eingetretene Fruchtbarkeit der Anna gemeldet wird, und da er sich nicht auf die *hist. de Nat.* bezieht, so war er auch nicht berechtigt, von einer fünfmonatlichen Abwesenheit Joachims zu sprechen, innerhalb welcher Anna ohne Zuthun ihres Mannes auf übernatürliche Weise empfangen habe; denn wie wir

eben bemerkten, wird nur in der *hist. de Nat.* von einer fünfmonat=
lichen Abwesenheit gesprochen.

2) Das eben Gesagte ist indeß nur die minderwichtige Berich=
tigung eines nebensächlichen Umstandes, wichtiger ist es zu bemerken,
daß in keinem der drei genannten apokryphen Evangelien wirklich von
der Conceptio Anna's in Abwesenheit ihres Mannes die Rede ist.
Im Protevangelium C. 4 heißt es, daß Anna bei der Rückkehr Joa=
chims, ihn umarmend, gesagt habe: „Nun erkenne ich, daß Gott der
Herr mich sehr gesegnet hat: ich war Wittwe und bin es nicht mehr,
ich war unfruchtbar, und siehe, ich werde empfangen in meinem
Schooße.

„Ich werde empfangen" „λήψομαι" ist die richtige Lesart
und nicht „εἴληφα" ich habe empfangen, wie es allerdings in
einigen codd. unverständige Ueberarbeiter corrigirt resp. corrumpirt
hatten.[1]

Ev. de Nat. c. 3: „Als Joachim und Anna sich an dem vom
Engel bezeichneten Orte begegneten, wurden sie sehr erfreut über den
gegenseitigen Anblick, und wurden gewiß der verheißenen Nachkommen=
schaft, und brachten dem Herrn, der die Niedrigen erhebt, den
schuldigen Dank dar. Als sie nun den Herrn angebetet hatten, gingen
sie wieder nach Hause und erwarteten mit Zuversicht und Freude die
göttliche Verheißung."

Also hier ebensowenig wie vorhin ist von einer Conception in
Abwesenheit Joachims die Rede.

In der *hist. de Nat.* wird ausdrücklich dem Joachim vom Engel
angekündigt: „Anna wird eine Tochter empfangen **aus deinem Samen.**"
Die später wieder vorkommenden Worte „sie wird empfangen"
sind freilich an einem cod. geändert in „Sie hat empfangen"
(während Deiner Abwesenheit) und hinzugefügt, sie sei schwanger
vom heil. Geiste; allein hier ist die Falsatio mehr als handgreiflich,
indem der tölpelhafte Fälscher die obigen Worte: „sie wird empfan=

---

[1] Vgl. Thilo, cod. apocr. S. 187 Anmerk.

gen aus deinem Samen" aus dem Texte zu streichen vergessen hat.[1]

3) Aus den in ihrem Texte unverfälschten apokryphen Evangelien konnte also die Kirche ihre Meinung nicht hernehmen, welche nach Tischendorf dem Feste der unbefleckten Empfängniß zu Grunde liegen soll, daß nämlich Maria unbefleckt empfangen sei, weil Anna ihre Mutter ohne Zuthun Joachims auf übernatürliche Weise empfangen habe; einfach darum nicht, weil von einer übernatürlichen Weise der Empfängniß Anna's in den unverfälschten Apokryphen gar keine Rede ist. Sollte aber die Meinung Tischendorf's sein, die Kirche habe eben die verfälschten und interpolirten apokryphen Evangelien benutzt, um für das fragliche Fest eine Grundlage zu gewinnen, so könnte er, auch bei dieser Voraussetzung, nur dann seine Behauptung von dem apokryphen Ursprunge dieses Festes aufrecht halten, wenn er mindestens den Beweis geliefert hätte,

    a) daß jene Falsatio resp. Interpolatio vor die Entstehung des Festes falle;

    b) daß die Kirche eine jener Fälschung entsprechende Ansicht über Anna gehabt habe;

    c) daß die Kirche diese ihre Ansicht dem Feste zu Grunde gelegt habe.

ad a) Das Fest der unbefleckten Empfängniß findet sich bereits im 4ten und 5ten Jahrhundert in der griechischen, im 8ten und 9ten Jahrhundert in der lateinischen Kirche.[2] Ist nun etwa der frühere Ursprung jener Varianten in den apokryphen Evangelien historisch nachgewiesen? Hofmann S. 24 meint mit Recht, „daß es sich schwerlich werde bestimmen lassen, in welche Zeit diese Textabänderungen fallen." Oder sollte das Vorkommen des Festes im 4ten Jahrhunderte schon für Tischendorf hinreichen, um jenen Textänderungen

---

[1] Thilo S. 344, 45, Anmerk.

[2] Perrone, thesis dogmat. de immaculata B. M. V. Conceptione pag. 15 & 16. Ratisb. 1850.

ein noch früheres Datum zu geben? Das hieße doch die apriorische Behandlung einer historisch kritischen Frage zu weit treiben.

Ad b) Aber mag auch die Fälschung der Apokryphen in den angegebenen Puncten in eine noch so frühe Zeit fallen: in der Kirche hat früh und spät eine jener Fälschung ganz entgegengesetzte Ansicht über Anna's Empfängniß geherrscht. Schon Epiphanius (haeres. 79 C. 5) schreibt hierüber: „uxor tua concepit, non tamen extra conjugium hoc factum esse intelligi debet. ¹

Der heil. Bernard (Brief 174) schreibt an die Kanoniker zu Lyon: „Si licet loqui, quod ecclesia sentit, (et verum ipsa sentit) dico, gloriosam de Spiritu s. concepisse, non autem et conceptam fuisse; dico peperisse virginem, non autem et partam a virgine.

Pabst Innocenz XI. verdammte im Jahre 1677 einen gewissen Imperialis aus Neapel, welcher behauptet hatte, Anna sei, auch nach der Geburt Maria's, Jungfrau geblieben.

Ad c) Tischendorf müßte endlich nachweisen, daß die Kirche eine mit den gefälschten apokryphen Mittheilungen übereinstimmende Ansicht über Anna dem Feste der unbefleckten Empfäng zu Grunde gelegt habe. Das wird ihm sicher nie und nimmer gelingen. Wir können indeß nachweisen, daß die Kirche auf einen ganz anderen Grund hin, als die jungfräuliche Geburt Anna's, die stete Befreiung Maria's von der Erbsünde gelehrt und zum Gegenstande eines Festes gemacht habe. In der feierlichen Erklärung hierüber, welche das Oberhaupt der Kirche in St. Peter zu Rom am 8. Dezember 1854 abgegeben, nachdem vorher sechshundert Erzbischöfe und Bischöfe des Erdkreises Alle ihre und ihrer Untergebenen Uebereinstimmung in dem Glauben an die unbefleckte Empfängniß Mariä ausgesprochen hatten, heißt es: „Wir erklären, sprechen aus und entscheiden: die Lehre, welche festhält, daß die seligste Jungfrau Maria im Augenblicke ihrer Empfängniß vermöge einer besonderen Gnade und Bevor-

---

¹ Εἰ γὰρ καὶ τῆς Μαρίας ἱστορία καὶ παραδόσεις ἔχουσιν, ὅτι ἐρρέθη τῷ πατρὶ αὐτῆς Ἰωακεὶμ ἐν τῷ ἐρήμῳ, ὅτι ἡ γυνή σου συνειληφυῖα, οὐχ ὅτι ἄνευ συζυγίας τοῦτο ἐγένετο, οὐδὲ ὅτι ἄνευ σπέρματος ἀνδρός, ἀλλὰ τὸ μέλλον ἔσεσθαι προεθέσπιζεν ὁ Ἄγγελος ἀποσταλεὶς, ἵνα μήτις γένηται δισταγμός κ. τ. λ.

zugung von Seiten des allmächtigen Gottes und im Hinblicke auf die Verdienste Jesu Christi, des Erlösers der Menschheit von jeglicher Makel der Erbsünde frei bewahrt worden, sei von Gott geoffenbart und deßhalb von allen Gläubigen fest und standhaft zu glauben."

Also nicht wegen Anna, ihrer Mutter, sondern vermöge einer besonderen Gnade und Bevorzugung des allmächtigen Gottes im Hinblicke auf die Verdienste Jesu Christi ist Maria von jeglicher Makel der Erbsünde frei geblieben. Das ist der gegenwärtige Glaube der Kirche, welcher uns, wie Perrone sagt (S. 15, l. c.), das sicherste criterium gibt, um zu erkennen, welches der Glaube der Kirche in jedem Jahrhunderte gewesen sei. Denn die Kirche kann nie ihren Glauben ändern, den sie aus göttlicher Offenbarung empfangen hat, mögen auch einzelne, selbst hervorragende Katholiken in dem einen oder anderen Jahrhundert diesen Glauben ungenau oder unrichtig aufgefaßt haben.[1] Uebrigens begnügt sich Perrone zum Beweise der Uebereinstimmung des früheren Glaubens der Kirche mit dem gegenwärtigen hinsichtlich des fraglichen Glaubenssatzes nicht mit der Anführung des genannten allgemeinen Prinzips, sondern er erörtert diesen Gegenstand in gründlichster und klarster Weise durch die wichtigsten dogmatischen Argumente. Wir verweisen daher für das Weitere auf dieses vortreffliche Schriftchen.[2]

---

[1] Cf. Bossuet, Défense de la tradition &c. Liv. VIII, ch. V. „Pour juger des sentiments de l'antiquité, le quatrième et dernier principe de ce saint (Augustin) est, *que le sentiment unanime de toute l'église présente* en est la preuve; en sorte, que connaissant ce qu'on croit dans le temps présent, on ne peut pas penser, qu'on ait pu croire autrement dans les siècles passés &c."

[2] Der h. Bernhard, in dem oben citirten Briefe von der Voraussetzung ausgehend, es handle sich bei dem Feste der unbefleckten Empfängniß um die sogen. activa conceptio der h. Anna, und nicht um die sogen. passiva conceptio Mariae (hier also besser conceptus gebraucht), spricht sich gegen das Fest aus. Perrone bemerkt dazu (S. 27):

„Ex his discimus:

1° Bernardum manifeste de una conceptione activa esse locutum.
2° Vocisse actum generationis per concupiscentiam peccatum. 3° Neminem

Das Dogma und das Fest der unbefleckten Empfängniß Mariä hat nicht in dem Verhältniß Maria's zu Anna, sondern in ihrer mütterlichen Beziehung zu Christus seine tiefste Grundlage; weil Maria Mutter Christi werden sollte, so hat die göttliche Allmacht die Erlösungsverdienste Christi Maria in besonderer Weise zugewandt, nicht um sie, wie die andern Nachkommen Adams von der Erbsünde zu befreien, sondern vor derselben zu bewahren, und dieses deßhalb, damit diejenige, von der Christus, der Sündenfreie und Sündentilger geboren wurde, in der Wirklichkeit[1] auch nicht einen Augenblick von irgend einer Sündenmakel befleckt gewesen sei. Darum das bekannte Wort des heiligen Augustinus: „de sancta Maria, *cum de peccato agitur, propter honorem domini* nullam prorsus volo haberi quaestionem."

Das sollten die Protestanten, denen ja die Verherrlichung Christi über Alles geht, mehr beherzigen: Sündenlosigkeit Mariä um der Ehre Christi willen; es würde ihnen das Dogma von der unbefleckten Empfängniß Mariä nicht so in tiefster Seele zuwider sein und sie würden weder aus Spott noch aus Ingrimm die Kirche beschuldigen, in diesem Dogma das Non plus ultra von Widersinnigkeit gelehrt und der Leichtgläubigkeit der Katholiken zugemuthet zu haben.[2]

---

concipi sine peccato, quatenus nemo sine concupiscentia nascitur. 4° Hac de causa B. virginem inficiatum esse sine peccato conceptam, id est sine libidine ex parte parentum. 5° Ideo solum J. Christum conceptum fuisse sine peccato, quatenus solus sine virili complexu conceptus est. 6° S. Doctorem, quod consequens est, nec attigisse quidem quaestionem nostram, adeoque sine ullo motivo eum nobis obiici. (Ad epist. s. Bernardi 174 ad Canon. lugdun. No. 7—8.)

[1] Daß Maria ideell unter dem Fluche der Erbsünde gestanden, ist ein stehender theologischer Ausspruch.

[2] In der herrlichen Abteikirche zu Altenberg, in welcher Simultan-Gottesdienst gehalten wird, wurde vor einiger Zeit ein mit einer Muttergottes-Statue gezierter Altar auf höhere Anordnung weggeräumt, weil, wie später verlautete, die dortigen Katholiken damit „in höchst unzarter und für die Protestanten beleidigender Weise das Dogma der unbefleckten Empfängniß documentirt hätten".

II. Wenden wir uns von Tischendorf zu Hofmann, welcher an verschiedenen Stellen in den Anmerkungen seines Buches, wo er unverbürgte oder geschmacklose Berichte aus den Apokryphen critisirt, der katholischen Kirche den Vorwurf macht, diese unzulässigen oder geschmacklosen Berichte angenommen oder noch übertrieben zu haben. Wir führen im Folgenden einige Beispiele solcher Anschuldigungen von Seiten Hofmann's vor:

1) In der *historia de Nativitate Mariae* wird berichtet (C. 14.), Joseph habe sich am sechsten Tage nach der Geburt Christi nach Bethlehem begeben, offenbar (nach der Meinung des apokryphen Verfassers), wie Hofmann bemerkt, in der Absicht, um sich daselbst einzeichnen zu lassen.

Dann fügt Hofmann die ironische Frage bei, ob Joseph den neugeborenen Christus mitaufgezeichnet habe? und fährt fort: Auch darauf weiß die Kirche zu antworten, sie bejaht es, indem sie daraus noch einen Vortheil für sich zieht. Wie beweist nun Hofmann diese unbeweisbare Behauptung? Antwort: Einzig damit, daß er eine Stelle aus Orosius anführt: „Christus Romano censui statim adscriptus est, ut natus est; (Christianus vero Romanae Ecclesiae statim adscribitur, ut renascitur.)" Seit wann ist Orosius die katholische Kirche?

2) In C. 5 des evangelii infantiae [1] wird an den Bericht von der Beschneidung Christi ein Märchen angeknüpft, wie es, nach Hofmann's Bemerkung, kaum ein geschmackloseres geben kann. Und doch, sagt Hofmann, hat die Kirche diesem Märchen Glauben geschenkt. Beweis: Noch jetzt wird zu Rom in der Kirche S. Joannis lateranensis eine auf die Beschneidung Christi bezügliche Reliquie aufbewahrt (Bollandus in act. sanct. T. 1. Januar p. 3 sq.), ebenso wie die Nabelschnur in der Kirche S. Mariae populi, und der Stein, auf dem Christus beschnitten wurde, in der Kirche S. Jacobi Scossa.

---

[1] Dieses apokryphe Evangelium ist unter allen am meisten mit albernen und phantastischen Erzählungen angefüllt, ohne alle dogmatische und sittliche Tendenz. (Kirchen-Lexikon.)

Ob damit auf die Kirche irgend ein odium[1] fallen könne, möge man entscheiden, wenn man folgende Aeußerung Benedict's XIV. gelesen hat: „Multa quidem a summis pontificibus de certis quibusdam reliquiis jubentur, sed *ea diserte apposita, vel certe subaudienda clausula*, ut, quod ad earum veritatem pertinet, sua cuique sit probabilitas, cui nihil censeri debeat auctum, ut in opere de Canonisatione sanctorum ipsi docuimus de reliquiarum identitate disputantes, ac de ea clausula, quam suis rescriptis Sacra Rituum Congregatio saepe apponit: „*Citra tamen approbationem reliquiae.*"

3) In dem Berichte der Apokryphen über die Weisen aus dem Morgenlande wird gesagt (evangelium infantiae c. 7.), die Magier seien von demselben Stern nach Hause geleitet worden, der sie auch an die Krippe nach Bethlehem geführt habe.

In den critischen Bemerkungen hierzu sagt Hofmann: die Kirche weiß uns übrigens noch mehr von dem Nachhausegehen zu erzählen.

Die Magier bestiegen ein Schiff nach Tharsis; deßwegen ließ der erzürnte Herodes die tharsensischen Schiffe verbrennen, und so ging die Weissagung des Psalmisten 48, 8 in Erfüllung: „in heftigem Sturm zerbrichst du die Schiffe von Tharsis." Zum Beweise, daß dies Lehre der katholischen Kirche sei, citirt Hofmann Stellen aus Nic. Lyranus, Antonin, Petrus de Natal, Arnobius. Wir bemerken hier wiederum, daß weder die Ansicht von einem, noch von vier katholischen Schriftstellern das lehramtliche Tribunal der Kirche repräsentiren kann.[2]

---

[1] Ich sage, odium, indem ich von der Voraussetzung Hofmann's aus rede, die genannten Reliquien seien ohne alle Frage unächt; den einzig hiefür von H. beigebrachten Beweis, auch in Antwerpen werde die Vorhaut Christi aufbewahrt, kann ich natürlich nicht acceptiren — selbst die Richtigkeit der Thatsache zugegeben.

[2] Ebenso, wie die Lehren der Kirche, verdächtigt Hofmann auch die apokryphen Erzählungen manchmal auf sehr oberflächliche Gründe hin; Beweises halber einige Proben davon:

1. Im Protevang. wird erzählt, daß Joachim nach der in Jerusalem erlittenen Kränkung sich in die Einsamkeit zurückzog, um 40 Tage und 40 Nächte zu fasten.

Aehnliche Aeußerungen Hofmann's, in denen er der katholischen Kirche apokryphe, sogar hyperapokryphe Lehren zuschiebt, die höchstens nur von einem oder mehreren kirchlichen Schriftstellern angeführt werden, wollen wir übergehen, um zu dem positiven Theile unserer Aufgabe zu kommen, nämlich, solche Puncte anzugeben, welche die katholische Kirche in der That in Uebereinstimmung mit den Apokryphen lehrt, und welche in den canonischen Evangelien entweder gar nicht oder doch nur dunkel und unbestimmt berührt werden.

B. Zu solchen Punkten, die die Kirche aus den Apokryphen entnommen oder vielmehr in Uebereinstimmung mit den Apokryphen, in ihrer Lehre und in ihren Gebräuchen angenommen hat, rechnen wir folgende:

1) Die Namen Joachim und Anna als die der Eltern Maria's, und das Fest derselben.
2) Das Fest der Darstellung Maria's im Tempel.
3) Die Verehrung und Anrufung Maria's.
4) Die jungfräuliche Geburt Maria's (virgo in partu).
5) Die Lehre von den Schutzengeln u. s. w.

Die Angabe des 40tägigen Fastens, bemerkt Hofmann, trägt das Gepräge der Nachbildung an sich; denn eben so lange fastete Moses, Elias, Jesus, Daniel auch nach Chrysost. adv. Jud. c. 2; die Zahl 40 war überhaupt eine solenne Zahl, und muß daher überall, wo sie vorkommt, Zweifel an der ächthistorischen Chronologie erregen.

Dann, antworten wir, dürfen wir auch Mißtrauen haben gegen die chronologische Zuverlässigkeit des Evangelisten Mathäus, welcher das 40tägige Fasten Jesu berichtet (4, 2).

2. Zu den apokryphen Berichten über die Ankündigung Maria's durch den Engel fügt Hofmann S. 24 die kritische Note hinzu: „Die ganze Erzählung von der Ankündigung der Maria scheint nur den Erzählungen von der Ankündigung des Isaak, des Simson, des Johannes (Lucas 1, 13 folg.) nachgebildet zu sein.

Warum sollen wir denn nicht schon Bedenken gegen die außerordentlichen Umstände, die der Geburt des Samuel und Johannes des Täufers vorangingen, hegen? Oder ist Maria nicht auch eine in der Geschichte des Heiles hervorragende Auserwählte des Herrn?

ad 1. Joachim und Anna die Eltern Maria's vgl. Evang. de nativ. Mariae C. 1. 2. hist. de nativ. C. 1. 2. Protevang. 1.

Benedikt XIV. schreibt (Fest de Nat. Mariae Nro. 146): es sei nicht recht, daran zu zweifeln, daß der Vater Maria's Joachim, ihre Mutter Anna geheißen habe, da sowohl in der lateinischen als in der orientalischen Kirche seit so vielen Jahrhunderten diese Namen als richtig angesehen worden wären.

Die allerältesten Väter haben freilich diese Namen nicht in ihren Schriften citirt, weil sie über ganz andere Gegenstände, die zu ihrer Zeit das Interesse und den Eifer der Vertheidiger des katholischen Glaubens in Anspruch nahmen, zu schreiben hatten. Allein seit dem IV. Jahrhundert finden wir bei den Kirchenvätern die Namen Joachim und Anna, z. B. bei Epiphanius (oratio de laud. B. V. Tom. 2 p. 292). Joanne Damasc. (de fide orthod. IV C. 15) und selbst wenn sich ihre Aussagen, insoferne sie eine schriftliche Quelle hatten, auf die apokryphen Evangelien, besonders auf das Protevangelium — ohne Zweifel das älteste schriftliche Document über diesen Gegenstand — stützten, so beweist dies nichts gegen ihre Zuverlässigkeit. Enthalten die Apokryphen überhaupt in einigen Punkten historisch richtige Nachrichten, so gilt dies namentlich von den in Rede stehenden Namen der Eltern Maria's, wie Calmet an der von uns oben angeführten Stelle sehr treffend bemerkt:

„Nichts konnte die Verfasser der Apokryphen in einer so nahe an die Apostel heranreichenden Zeit, wo die Erinnerung an den Vater und die Mutter Maria's noch so lebendig war, veranlassen, die Namen Joachim und Anna zu erfinden. Aus einer Fiction dieser Namen konnten sie sich keinen Vortheil versprechen, hätten vielmehr ihrem eigenen Werke leichtfertiger Weise die Glaubwürdigkeit entzogen; wohl aber mußten sie ihre erfundenen Berichte probabler machen, wenn sie das historisch Bekannte unangetastet ließen und ihre Fabeln blos an dasselbe anlehnten. Wir glauben also, daß sie ganz gut wußten, der Vater Maria's habe Joachim, ihre Mutter Anna geheißen." So Calmet.

Ebenso waren die alten Irrlehrer, besonders die Manichäer, von der Richtigkeit der Namen Joachim und Anna überzeugt. Wenn der heil. Augustinus den Faustus, wie wir oben sahen, tadelt, so geschah das nicht, weil Faustus die Namen der Eltern unrichtig angegeben habe, sondern weil er sie aus dem Stamme Levi und nicht aus dem Stamme Juda abstammen läßt.[1]

Auch Arens und Tischendorf sind mit uns in diesem Punkte völlig einerlei Meinung.

Wenn einzelne katholische Schriftsteller sich gegen die Richtigkeit der Namen Joachim und Anna erklären, obwohl sie die Verehrung der Eltern Maria's billigen, und zwar deßwegen sich dagegen erklären, weil Anna soviel bedeute als *gratia*, Joachim so viel als *praeparatio Domini*, so könnte man auf diesen Grund hin alle Hauptpersonen des alten Testaments um ihre Namen bringen, denn im Hebräischen haben fast alle Namen eine der Person ihres Trägers angemessene Bedeutung, z. B. Abraham, Israel, Benjamin, Ruben, Samuel, Saul, David, Salomo u. s. w.

Wenn ferner einige Akatholiken auch gegen die Heiligkeit und Verehrungswürdigkeit der Eltern Maria's auftraten, weil in der heil. Schrift hierüber nichts gemeldet würde, so ist das bei unserer Ueberzeugung von der Verwerflichkeit des Grundsatzes, alle auf Christus bezügliche Wahrheit auf den Inhalt der heil. Schrift, als ihre einzige Quelle, zu beschränken, von gar keiner Bedeutung.[2] Gilt überhaupt der Grundsatz: *Quisque praesumitur bonus, donec probetur malus*, so gewiß im höchsten Grade bei den Eltern Maria's.

Auch enthält die heil. Schrift nichts, was uns in der Annahme wenigstens des Namens Joachim bedenklich machen könnte: Jenachdem wir die von Matthäus und Lucas angeführten Ahnentafeln Jesu erklären, ist entweder von dem Vater Maria's in denselben gar keine

---

[1] Vgl. hierüber Ant. Sandinus, hist. familia sacrae, de Maria C. 1, Venedig 1768, und desselben Vertheidigung gen. Schrift gegen Serry c. 12, Cöln 1735.

[2] Vgl. hierüber Petrus Canisius de Maria Deipara Virgine lib. 1 c. 4.

Rede, oder der in denselben angegebene Name beweist nicht die Unrichtigkeit des Namens Joachim. Wir wollen diese Behauptung durch einige Bemerkungen erläutern.

Die drei vorzüglichsten Erklärungen der Genealogien bei Mathäus und Lucas hat Bisping in seiner bereits genannten Schrift über das Mathäusevangelium S. 43—48 in ungemein einfacher klarer und gründlicher Weise zusammengestellt:

Die erste Erklärung, welche unter den älteren Auslegern der heil. Ambrosius (in Luc. comment. lib. III), Julius Africanus (bei Euseb. H. E 1, 7) u. A., und unter den neueren auch Hug (Einl. II. 270) annimmt, läßt beide Genealogieen sich auf Joseph beziehen, und zwar so, daß Matthäus Jacob als natürlichen, Lucas Heli als gesetzlichen Vater des Joseph anführen. Hiernach wäre also über den Vater Maria's in den canonischen Evangelien nichts berichtet, also auch zwischen ihnen und den Apokryphen gar keine Verschiedenheit.

Die zweite Erklärung hat ihren Hauptvertreter in Cornelius a Lapide. Dieser ist der Meinung, daß beide Genealogieen die der Maria seien, und zwar so, daß dieselbe mütterlicher Seits durch Salomon, väterlicher Seits durch Nathan von David abstamme. Demnach wäre Heli der Vater Maria's und Anna, die Schwester Jacobs (Vater des Joseph), die Mutter derselben.

Eine dritte Erklärung, zuerst angedeutet von Epiphanius, läßt Matthäus die Genealogie Josephs, Lucas die Maria's mittheilen. Nach dieser ist also der Vater Maria's Heli, ein Name, welchen auch jüdische Quellen (Hieros. Hagigah fol. 77, 4 bei Lightfoot hor. hebr. et talmudic. p. 750) als Vater Maria's annehmen.

Wenn nun bei Luc. 3. 23 Joseph der Sohn Heli's heißt, so ist Sohn entweder mit Einigen in der Bedeutung von Schwiegersohn zu nehmen, wie Ruth 1, 11. 12, oder es ist mit Andern eine von der gewöhnlichen abweichende Eintheilung des Textes anzunehmen. Lesen wir nämlich mit Tischendorf den allerdings stark verbürgten Artikel $τοῦ$ vor $Ἰωσήφ$, so können wir die Worte so abtheilen: „$ὤν$ $υἱός$, $ὡς$ $ἐνομίζετο$ $τοῦ$ $Ἰωσήφ$, $τοῦ$ $Ἡλί$ $κ. τ. λ.$" und er war ein Sohn, wie man glaubte, Josephs, Heli's u. s. w., d. h. man hielt ihn für einen Sohn Josephs, in Wirklichkeit aber war er der Sohn (Enkel) Heli's u. s. w.

So wäre also nach der zweiten und dritten Erklärung der Vater Maria's Heli; Heli ist aber von gleicher Bedeutung mit Joachim, wie schon Epiphanius annimmt, nach welchem bei Lucas die Abstammung Maria's angegeben wird. Heli ist nämlich eine Abkürzung von Heliakim, אֱלְיָקִים aber und יְהוֹיָקִים bezeichnet dasselbe „Gott oder Jehovah wird aufrichten" (Vgl. 2 B. Kön. 18, 18; 23, 34; 1 Chron. 3, 15).

Da so viele Gründe für die Richtigkeit der Namen Joachim und Anna sprechen, kein einziger dagegen, so können wir dieselben wohl als durchaus zuverlässig erklären.

Wir kommen zweitens zu dem Feste „**Mariä Opferung**". Ueber dieses Fest bemerkt Tischendorf (vgl. oben S. 57):

„Accedit festum *praesentationis Mariae*, quod die 21. m Nov. celebratur. Hoc in memoriam ejus fabulae instituerunt, quam Protev. c. 7, Pseudo-Math. c. 6, evang. de nativ. c 7, historia de nativ. c. 4—6, historia Josephi c. 3 tradunt. Nimirum de Maria trimula primum in templum ducta et a sacerdote mirifice excepta agit."

Auch die Annahme dieses Festes seitens der katholischen Kirche ist für Tischendorf ein Beweis, wie sehr dieselbe, durch fabelsüchtige Leichtfertigkeit verleitet, von der Wahrheit des Evangeliums abgewichen ist.

Es fragt sich nun, ob wir eine solche Darstellung Maria's im Tempel[1] als eine wohlverbürgte historische Thatsache ansehen können. Das älteste schriftliche Document hiefür ist zweifellos das *Protevangelium Jacobi*, mit dem fast alle spätern apokryphen Evangelien vollkommen übereinstimmen. Zwar wird von Nicephorus (lib. 2 c. 3) ein Brief des Evodius[2], welcher der Nachfolger des heil. Petrus

---

[1] Die Darstellung Maria's im Tempel durch ihre Eltern, nicht die Darstellung Jesu im Tempel durch Maria und Joseph, die Lucas 2, 22—40 berichtet.

[2] Die betreffende Stelle lautet: „Trimula cum esset, in templum praesentata; ibi in Sanctis Sanctorum traduxit annos undecim. Deinde vero Sacer-

auf dem bischöflichen Stuhle zu Antiochia gewesen sein soll, citirt; allein dieser Brief kann nicht als echt angesehen werden, wie schon Benedict XIV, gestützt auf Baronius app. ad annales 47 und 48 bemerkt. Uebrigens stimmen mit den in dem Briefe enthaltenen Angaben, wie Baronius l. c. 48 schreibt, überein s. Gregorius Nyssenus, Joannes Damascenus, Germanus Constantinop. Episcopus, Andreas Cretensis et Georgius Nicom. Episcopus.

In der orientalischen Kirche wurde dieses Fest schon in ziemlich früher Zeit gefeiert: Nach Simon Methaphrastes entstand es im Jahre 730 zu Constantinopel und war bereits im Jahre 1143 laut der Constitution des Kaisers Immanuel Comnenus ein im ganzen Reiche bekanntes Fest. In der occidentalischen Kirche wurde dasselbe seit 1374, wo es durch den Pabst Gregor XI. in Frankreich eingeführt wurde, (von da) mehr und mehr verbreitet.

Unter Pius V. erhob sich eine Opposition gegen das alte griechische Officium desselben.[1] Das Fest wurde abgeschafft. Nach genauer Untersuchung der Sache fügte Sixtus V. im Jahre 1585 dasselbe den übrigen Marienfesten wieder bei, und dehnte diesen Festtag auf die gesammte lateinische Kirche aus mit Beibehaltung des alten griechischen, jedoch bedeutend veränderten Officiums. (Bullar. Rom. 7. constit. tom. 2.)[2]

---

dotum manibus Joseph ad custodiam est tradita: apud quem cum menses peregisset quatuor, ab angelo laetum illum accepit nuntium. Peperit autem hujus mundi lucem, annum agens quintumdecimum, vigesima quinta die mensis Decembris."

[1] Daß die Aufhebung des Festes nicht gleichbedeutend war mit der Erklärung, das Festmotiv sei unzuverlässig, bezeugt Canisius (lib. 2, c. 3 l. c.): „Etsi vera ecclesia Romana, quam honoris causa nomino, festum hunc diem modo non celebrat, alios tamen cum privatim tum publice celebrantes nec damnat, nec vituperat: quin multo etiam tempore jam pridem celebravit, priusquam tandem Pio V. Pontifici maximo visum est Sanctorum ferias contrahere, minor ut illarum numerus majore cum fructu retineatur."

[2] Die betreffende Stelle in der Bulle „*Intemeratae*" lautet:

„Aliis igitur celebritatibus perpetuae Virgini, quae ab aeterno praeparata, et propheticis testificationibus praenunciata, nondum tamen mater

Hat nun die Kirche durch Einführung dieses Festes alles das= jenige, was die Apokryphen über die Opferung und den Aufenthalt Maria's im Tempel erzählen, für historisch gewiß erklärt? Hierauf ist zu antworten, daß nach der Meinung bedeutender Auctoritäten nur die Thatsache der Opferung selbst als historisch gewiß anzusehen ist, nicht aber alle die übrigen Umstände, worüber die Apokryphen sich verbreiten. Wir könnten als Vertreter dieser Meinung an Canisius, Suarez, Baronius, Benedict XIV., Sandinus anführen.

Benedict XIV., um nur einen sprechen zu lassen, schreibt: *nullam excitandam de Praesentatione controversiam; de tempore autem, quo in Templum adducta sit, quomodo ibi educata, cui praesentata fuerit, de his omnibus nihil nos habere exploratum.* (De hoc festo No. 178.)

Gegen die Annahme einer wirklichen Darstellung Maria's im Tempel ist hervorgehoben worden, daß das Gesetz, die Erstgeburt dem Herrn zu weihen, nur die erstgeborenen Knaben betraf. Allein schon Suarez bemerkt mit Recht, daß es den Eltern auch frei gestanden habe, weibliche Kinder dem Herrn zu opfern. 2. Mos. 38, 8, I. Samuel 2, 22 werden Frauenspersonen erwähnt, die nach Josephus Andeutung (antiquit. V., 10 1.), durch das Gelübde der Jungfräu= lichkeit verbunden, vor der Thüre des Versammlungszeltes göttlichem Dienste sich weihten. Man vergleiche hiermit die Stelle 4 Kön. 11, wo erzählt wird, daß Josaba, die Tochter des Königs Joram, die Schwester des Ochozias, um Joas, des Ochozias Sohn, vor der mörderischen Wuth der Athalia zu schützen, ihn vor dem Angesichte Athalia's verbarg, damit er nicht von ihr getödtet würde, und daß sie ihn deßhalb sechs Jahre lang bei sich im Tempel behielt. Wir verweisen ferner auf Richter Kapitel 11, welches das Gelübde

---

Dei angelo nunciante fuerat effecta, a Catholica ecclesia consecratis, quae Dei templum futura erat, et sacrarium Spiritus Sancti, *in templum praesentationem* ab antiquissimis usque temporibus summa ubique gentium cum veneratione observatam adscribi volumus, et sicubi intermissa est, restitui ac jugiter custodiri." In Calendarium etiam referri et in omnibus ecclesiis Officium recitari jussit.

Jephte's berichtet. Jephte hatte vor dem Kampfe mit den Ammonitern das Gelöbniß gemacht, die erste Person, welche nach einer glücklichen Heimkehr ihm vor seiner Hausthüre entgegenkomme, dem Herrn zu weihen und als Brandopfer darzubringen. Als er zurückkehrte, war es seine einzige Tochter, welche ihm zuerst entgegenlief und mit welcher er, (mit ihrem Einverständnisse) seinem Gelübde gemäß verfuhr. Zahlreiche Gelehrte sind nach dem Vorgange einiger Rabbinen und Nicolai Lyrani der Ansicht, daß Jephte's Tochter nicht durch leibliche Opferung mit Schlachtung und Verbrennung auf dem Altare dem Herrn dargebracht worden sei, sondern sie fassen das Gelübde im figürlichen Sinne auf, und verstehen darunter eine völlige Hingabe an den Herrn durch Beten, Fasten und andere heilige Verrichtungen, insbesondere durch Bewahrung der Jungfräulichkeit. So Estius, Lilienthal, Dereser, Bergier, Stolberg, Overberg, Hengstenberg und Reinke. Weiteres hierüber bei Rohrbacher, II. B. 1. Hälfte, S. 52—55.[1]

Sicherlich würde es auch keinem der apokryphen Verfasser haben einfallen können, eine Darbringung Maria's in den Tempel auch nur zu erdichten, wenn aus der jüdischen Geschichte gar keine Beispiele derartiger Opferungen von weiblichen Personen bekannt und anerkannt gewesen wären. Offenbar hätte er damit leichtfertiger Weise seinem Interesse geschadet und seiner Intention, gläubige Leser zu finden, entgegengearbeitet. Mindestens darf man also in diesen einstimmigen Berichten der Apokryphen über die Opferung Maria's eine Bestätigung dafür finden, daß überhaupt israelitische Mädchen sich in ganz besonderer Weise dem Herrn hingaben, daß sie insbesondere im Tempel ihr Leben mit Beten, Fasten und andern h. Verrichtungen zubrachten.

---

[1] Bei dieser Deutung der erwähnten Erzählung kann man in ihr das historische Vorbild für die griechische Sage von der Opferung Iphigeniens durch ihren Vater Agamemnon erkennen. Nach Ovid, Pausanias u. A. ist Iphigenia von Diana noch zur rechten Zeit in eine Wolke gehüllt und nach Tauris entführt worden, wo sie Priesterin im Tempel der Göttin wurde; in diesem Sinne ist die alte Sage auch in den herrlichen Tragödien von Euripides, Racine und Göthe verherrlicht worden. Sogar in dem Namen „Ἰπιγενεια" hat man die Tochter Jephte's finden wollen, Erzeugte Jphi's, Jephi's, Jephte's.

Dürfen wir aber auch den Apokryphen Glauben beimessen in ihren Berichten über die Opferung Maria's und ihren Aufenthalt im Tempel? wenigstens halten wir dafür, daß wir die einfache That= sache von Maria's Opferung und Aufenthalt im Tempel als historisch gewiß anzusehen kein Bedenken tragen dürfen. Wenn auch einige katholische Schriftsteller, z. B. Kraus in dem betreffenden Artikel des Kirchen=Lexikon, 6. Band S. 884, vielleicht aus Besorgniß, irgend etwas anzunehmen, wofür eine apokryphe Schrift — das Protevangelium Jacobi — das älteste schriftliche Document ist, der Meinung sind, das Fest Mariä Opferung habe nur den Sinn, die unschuldige Jugend Maria's und ihre Hingebung an die Gnadenwirkungen des heiligen Geistes zu feiern, so glauben wir nicht, daß diese Auffassung des Festes der Intention der Kirche entsprechend ist, und stützen uns hiefür auf Benedict XIV., l. c. 180: „Bailletus in historia hujus diei existimat, ab Ecclesia Solemnitatem hanc institutam, ut honor habeatur innocentiae morum, quae inter infantiam et annunciationem in B. Virgine enituit. Nos vero, qui ne tantillum quidem *a communi ecclesiae sententia* recedere volumus, dicimus, *B. virginem in templo praesentatam esse*, ut ibi bene educaretur; quod in Veteri testamento non est inauditum aut novum."

Ebenfalls verweisen wir zur Bestätigung unserer Ansicht auf die Worte in der Bulle Sixtus V., worin die Darstellung Maria's im Tempel seit den ältesten Zeiten als ein mit der größten Ehrfurcht ge= feiertes Fest bezeichnet wird. Diesem allgemeinen Glauben der Kirche steht auch nicht ein einziges äußeres Zeugniß entgegen, noch weniger ein inneres Bedenken; vielmehr erscheint jedem christlich gläubigen Gemüthe der so viele Jahrhunderte alte Glaube der Kirche in der schönsten Angemessenheit zu der einzig erhabenen und hohen Bestimmung Maria's, Mutter Christi zu werden.

Wenn uns nun Tischendorf wegen dieser Annahme beschuldigt, die Wahrheit des Evangeliums vertauscht zu haben mit albernen Märchen: so erwidern wir, und zwar mit unantastbarem Rechte:
1) Daß nicht Alles in den Apokryphen pure Fabel ist (vgl. Ab= schnitt II. unf. Abhandl.).

2) Daß er selbst nicht Alles in den Apokryphen für Erfindung und Dichtung hält, da er ja z. B. die Namen Joachim und Anna in den Apokryphen als richtig annimmt.

3) Daß, da die Kirche, wie sich aus unserer bisherigen Untersuchung ergeben hat, einzig und allein die einfache und schlichte Thatsache von der Erziehung Maria's im Tempel ohne die übrigen hierauf bezüglichen, übrigens sinnreichen Wunderberichte aus den Apokryphen acceptirt hat, und weiter gar nichts, auch nicht das Mindeste abweichend von Tischendorf, dieser gewiß ungerecht und grundlos auf die Kirche die prophetischen Worte des Apostels Paulus applicirt hat (2. Tim. 4, 4.): „Erit enim tempus, ut a veritate quidem auditum avertant, ad fabulas autem convertantur."

III. Verehrung und Anrufung der allerseligsten Jungfrau Maria.

Die Verehrungswürdigkeit Maria's wird an vielen Stellen der Apokryphen in den erhabensten Ausdrücken vorgehoben. Historia de nat. C. 23 spricht der Engel, welcher der Anna erschien: „Fürchte nichts, Anna, denn Gott hat beschlossen, daß du erzeugen sollst, und was du gebären wirst, wird zur Bewunderung sein allen Jahrhunderten bis an's Ende."

Und dem Joachim verheißt derselbe Engel: „Wisse, daß Anna eine Tochter empfangen wird aus deinem Samen: diese soll im Tempel Gottes wohnen und der heil. Geist wird auf ihr ruhen, und ihre Seligkeit wird gehen über alle heiligen Frauen, also daß Keiner wird sagen können, es sei eine solche schon da gewesen, noch wird jemals eine ihr ähnlich sein auf dieser Welt. Und ihr Samen wird gesegnet sein, und sie selbst die Gebenedeite und wird die Mutter sein des ewigen Segens."

Das Ansehen Maria's bei ihrem göttlichen Sohne und die Macht ihrer fürsorgenden Liebe finden wir wieder und wieder in den Apokryphen ausgesprochen. Wir lassen einige Beispiele dafür folgen:

Hist. de nat. C. 20. 21:

„Als die heil. Familie auf der Flucht nach Egypten von der Reise ermüdet in der Gluth der Wüste im Schatten sich ausruhen wollte, sah Maria von ferne eine Dattelpalme, und sie lagerten sich darunter. Da begehrte Maria von den Früchten des Baumes zu essen, die zugleich Hunger und Durst befriedigten. Allein da die Aeste dieser Palme so hoch hingen, konnte Joseph dem Wunsche Maria's nicht willfahren. Da sprach das Kindlein Jesus auf dem Schooße seiner Mutter, der Jungfrau Maria, mit freudigem Gesicht zur Palme: „Baum, beuge deine Aeste und erquicke mit deinen Früchten meine Mutter." Es neigte sich der Baum mit seinen Zweigen nieder und schüttete seine Früchte in ihrem Schooße aus, um erst darauf sich wieder empor zu richten. Sie aßen sich alle satt und füllten ihre Säcke davon auf die weitere Reise."

In dieser Legende sehen wir in der lieblichsten Weise die Liebe Jesu gegen Maria ausgedrückt, gleichsam als eine Bürgschaft für das Ansehen Maria's bei Jesus im Himmel.

Auf ihrer weitern Reise kamen sie in eine Stadt, wo eine besessene Frau lebte, von der, als sie des Nachts Wasser holen gegangen war, der böse Geist Besitz ergriffen hatte. Die heilige Jungfrau erbarmt sich ihrer, von Mitleid ergriffen, und in demselben Augenblick weicht der Böse von ihr in Gestalt eines Jünglings mit dem Rufe: Weh' mir, Maria, vor dir und deinem Sohne. Zum Danke dafür nehmen die Verwandten der geheilten Frau die heil. Familie gastfrei in ihr Haus auf und entlassen sie des andern Morgens mit reicher Wegzehrung. (Ev. inf. C. 14.)

In einer andern Stadt trafen sie ein Weib, welche einen todtkranken Sohn hatte; Maria war eben beschäftigt Jesum zu waschen; das Weib sprach zu ihr: O meine Herrin, Maria, sieh diesen meinen Sohn, welcher entsetzlich leidet; und Maria erhörte sie und sprach: Besprenge deinen Sohn mit dem Wasser, womit ich Jesum gewaschen habe. Dies geschah und bald war der Kranke geheilt. Die hocherfreute Mutter kam wieder zu Maria, welche zu ihr sagte: Dank sage Gott, welcher diesen deinen Sohn gesund gemacht hat. (Ev. inf. C. 27.)

Das Evang. inf. enthält eine ganze Menge von wunderbaren Heilungen durch die Vermittelung Maria's. Wir sind weit entfernt davon, auch nur irgend einem dieser Wunderberichte historische Bedeutung beizulegen; aber wir erkennen darin ganz unzweideutig die Verehrung und das Vertrauen gegen Maria bei den ersten Christen. Die Apokryphen sind uns hiefür unverwerfliche Zeugen, aber nicht etwa das Fundament für die katholische Lehre von der Verehrung Maria's und der Kraft ihrer Fürbitte. Das Fundament für diese Lehre ist das Evangelium;[1] ist die Würde Maria's als Gottesmutter. Dieses Zeugniß der Apokryphen für die Existenz des Marienkultus unter den ersten Christen wird aber noch bestätigt einerseits durch die Gemälde in den Katakomben, andererseits durch die ältesten Liturgien. Pater Marchi beschreibt in seinem großen Werke über die Denkmäler der ersten christlichen Kunst folgendermassen die Krypta Maria's und des Jesuskindes in den Katakomben der heil. Agnes: „über dem kleinen Altar dieser Krypta sieht man ein Bild der heil. Jungfrau, welche sitzend das göttliche Kind auf ihren Knieen hält. Um jedes Mißverständniß zu heben, hat der Maler rechts und links den doppelten Namenszug Christi eingravirt. Die göttliche Mutter hat die Arme zum Gebete ausgestreckt. Das Kind nicht so, um die unendliche Verschiedenheit zwischen Mutter und Sohn darzustellen. Die Mutter ist ein Geschöpf, das mächtigste Geschöpf, aber dieß nur durch die Macht ihres hülfreichen Gebetes, während der Sohn alle Macht hat durch sich selbst." Dieses Bild stammt, wie Pater Marchi S. 152, 157 sagt, aus den letzten Jahren des zweiten Jahrhunderts.[2]

---

[1] In den kanonischen Evangelien haben wir das „Ave Maria", den vorzüglichsten Ausdruck der Verehrung Maria's; ferner verschiedene Feste: visitatio, annunciatio, purificatio, compassio; nach den kanonischen Evangelien kennen wir Maria, die nach ihrer Empfängniß vom heil. Geiste Johannes dem Täufer noch vor seiner Geburt die Entsündigung und Heiligung bringt, Maria, die auf der Hochzeit zu Cana durch ihre Fürbitte bei ihrem Sohne den Hochzeitsleuten irdischen Segen erwirbt: zwei Wunder, Typen ihrer erbarmungsreichen Vermittlungsgewalt, das eine in der geistigen, das andere in der zeitlichen Ordnung.

[2] In den Katakomben finden wir also zugleich Marienverehrung, Verehrung der Martyrer, der Reliquien und der Bilder, Alles Dinge, welche der Protestan=

In den ältesten Liturgien, die, materiell genommen, der apostolischen Zeit angehören, finden wir die heil. Jungfrau in Ausdrücken erwähnt, welche wunderbar übereinstimmen mit den liturgischen Gemälden der Katakomben und den Gesinnungen der Verehrung, wie sie in den apokryphen Evangelien enthalten sind. In der Liturgie des heil. Jacobus lesen wir: „Besonders feiern wir das Andenken der heiligen und glorreichen, allzeit jungfräulichen Gottesgebärerin. Gedenke ihrer, o Gott, und durch ihre reinen und heiligen Gebete erbarme dich unser, schone uns, erhöre uns. Ausführliches hierüber sehe man Perrone Prael. theol. 6. T. p. 287—289, Nicolas l. c. p. 36—74.

Wir gehen zu einem andern Gegenstande über.

VI. Die stete Jungfräulichkeit Maria's.

Sehen wir, wie sich die apokryphen Evangelien darüber aussprechen: Evangelium de nativitate Mariae c. 3. spricht der Engel zu Joachim, dem er die Geburt einer Tochter verheißet: „Maria, welche selbst auf wunderbare Weise von einer Unfruchtbaren wird geboren werden, wird sonder Gleichen als Jungfrau den Sohn des Allerhöchsten gebären, der soll Jesus heißen, und wird nach der Ableitung des Namens Heiland aller Völker sein."

Noch bestimmter sind die Worte des Engels an Anna: „Maria wird sogleich von ihrer Geburt an voll sein der göttlichen Gnade, und nachdem sie im Tempel bis zu den verständigen Jahren dem Dienste des Herrn obgelegen hat, wird sie allein sonder Gleichen, ohne Makel und Befleckung, ohne Vermischung mit einem Manne als Jungfrau einen Sohn gebären, die Magd den Herrn, den Heiland der Welt, durch Gnade, Name und Werk."

Evangelium de nativitate c. 9. spricht der Engel zu Maria: Fürchte dich nicht Maria, als ob ich in diesem Gruße etwas vorbringe, was deiner Keuschheit zuwider sei. Du hast Gnade bei dem

---

tismus, der so gerne die primitive Kirche in ihrer evangelischen Reinheit repräsentiren möchte, verworfen hat.

Herrn gefunden, weil du die Keuschheit erwählet hast; deßwegen wirst du als Jungfrau ohne Sünde empfangen und einen Sohn gebären." Auf diese Worte des Engels antwortete die Jungfrau, zwar nicht ungläubig, aber weil sie den Hergang wissen wollte: Wie soll das zugehen? denn, da ich nach meinem Gelübde niemals einen Mann erkennen werde, wie kann ich gebären ohne die Zuthat des männlichen Samens u. s. w.

Speziell für den Glauben an die jungfräuliche Geburt Maria's zeugen auch die Stellen Protevangelium C. 19 & 20, Hist. de Nat. C. 13, Ev. inf. C. 3, wo von der Anwesenheit einer oder mehrerer Hebammen bei der Geburt Christi berichtet wird, nach deren auf vorhergehende Untersuchung sich stützenden Zeugnisse Maria als Jungfrau geboren hat. Die Erzählung selbst ist natürlich äußerst abgeschmackt und widerlich, aber offenbar verdankt dieselbe nur dem schon bestehenden Glauben an die jungfräuliche Geburt Maria's ihr Entstehen: der apokryphe Verfasser wollte diesem Glauben eine geschichtliche Basis geben.

Zwar meint Hofmann (S. 121), der Verfasser des Evang. infant. sei, vielleicht wider seinen Willen, in Widerspruch getreten mit der Lehre von Maria's jungfräulicher Geburt, indem derselbe in dieser Weise sein fünftes Capitel schließt:

„Am vierzigsten Tage nach der Geburt Jesu gingen sie in den Tempel, um für Ihn Opfer darzubringen, wie es im Gesetze Moses heißt: Jede männliche Erstgeburt, welche die Gebärmutter bricht, soll dem Herrn geheiligt heißen," (Exod. 13, 2). Aber hieraus folgt gar nicht, daß der apokryphe Verfasser geglaubt hat, daß Maria und Jesus das eben erwähnte Gesetz Mosis zu erfüllen verpflichtet gewesen seien: man würde sonst denselben Schluß aus Luc. 2. 23, wo dasselbe Gesetz allegirt wird, ziehen müssen. Dagegen spricht sich indeß der heilige Thomas aus (Summ. III. qu. 37. art. 4): „signanter evangelista docet, quod completi sunt dies purgationis ejus *secundum legem*, ipsa enim *secundum se* purgatione non indigebat. Et ideo patet, quod non obligabatur, sed voluntarie purgationis observantiam adimplevit."

Ebenso Natalis Alex. (comm. in Luc.): „Legi Primogenitorum Christus subditus non erat, tum quia legis conditor et dominus, tum *quia vulvam matris non aperuit*, sed clauso virginis utero egressus est. Virgo enim non solum ante partum, et post partum, sed et in partu s. Maria permansit, quae ecclesiae fides est traditione summoque patrum consensu firmata." Dann folgen Stellen aus Ambrosius, Augustin, Hieronymus u. A. zur Bestätigung der fraglichen Lehre.

Es ist also in den Apokryphen der Glaube an die stete Jungfräulichkeit Maria's, namentlich an ihre jungfräuliche Geburt auf das klarste ausgesprochen: auch hier sind uns die Apokryphen nicht das Fundament dieses Glaubens, sondern nur ein Zeugniß, um die Existenz desselben in den ersten christlichen Zeiten zu constatiren.

Die Begründung des Dogma's sehe man bei Perrone l. c. 6. Band, S. 134—150 und im K.-Lex., 6. Band, S. 842—844.

V. Die Lehre von den Schutzengeln.

Hist. de nat. c. 3. redet der Engel Joachim im Traume an: „ich bin der Engel, der dir von Gott zum Wächter gegeben ist: gehe ruhig hinab und kehre zurück zur Anna."

Noch deutlicher finden wir die Lehre von den Schutzengeln in dem Gebete ausgesprochen, welches Joseph, als er seinen Tod herannahen fühlte, verrichtete (hist. Jos. C. 13): „Alle Kreaturen, die unter dem Himmel sind und denen eine lebendige Seele inne wohnt, werden von Schrecken, von großer Furcht und Niedergeschlagenheit bewegt, wenn ihre Seelen aus ihren Leibern scheiden. Darum, o Herr und mein Gott! stehe dein heiliger Engel meiner Seele und meinem Leibe bei, bis sie von einander getrennt sind. Und das Angesicht des Engels, der bestimmt war, mich zu bewachen von dem Tage an, daß ich gezeugt wurde, sei nicht abgewendet von mir, sondern er begleite mich auf meinem Wege, bis er mich zu dir geführt hat. Sein Antlitz sei mir hold und heiter, und er geleite mich in Frieden."

Die apokryphen Aussprüche stimmen ganz genau überein mit dem, was die ältesten Väter einstimmig lehren, und was — wenigstens in dieser allgemeinen Fassung: „die Engel werden zum Schutze der Menschen abgeordnet" — katholisches Dogma ist. Man sehe Perrone, 5. Bd. S. 22 fgde.

Hiermit schließen wir diesen Theil, indem wir das eingangs Gesagte wiederholen, daß wir mit dieser Untersuchung die betreffende Frage nicht zu erschöpfen, sondern nur in einzelnen Puncten andeutungsweise zu behandeln beabsichtigten.

Zweiter Theil.

§ 11. Berichte aus den Apokryphen, welche, abgesehen von irgend einer kirchlichen Erklärung, für historisch resp. dogmenhistorisch zuverläßig angesehen werden können.

Wir gehen über zu denjenigen Puncten aus den Apokryphen, die in der Lehre und dem gottesdienstlichen Leben der Kirche unberücksichtigt geblieben sind, die aber dennoch auf historische resp. dogmenhistorische Zuverläßigkeit Anspruch haben.

Wir werden einige dieser Puncte im Folgenden aufzeichnen und, um diese Abhandlung nicht zu weit auszudehnen, nur einige kurze Bemerkungen dazu machen.

1) **Jesus wurde nahe bei Bethlehem in einer Höhle geboren**, siehe Protevangelium c. 18, historia Jos. c. 7, Ev. inf. c. 2, hiermit stimmen überein Justinus, Origenes, Hieronymus, Eusebius u. A., man sehe darüber Benedict XIV. de festis Christi No. 637—641.

Der Hauptgrund gegen unsere Annahme, welchen Casaubonus in seiner Gegenschrift gegen Baronius vorbringt, daß nämlich Matth. 2, 1 gesagt werde, Jesus sei in Bethlehem geboren, findet sich ebendaselbst widerlegt (Nr. 637.)

2) Die Erzählung über die Anwesenheit von Ochs und Esel bei der Geburt Christi, hist. de nat. c. 14., nennt Benedict XIV. eine alte fromme Tradition, die er Nr. 642—645 in der gründlichsten Weise vertheidigt. Auch die Kirche hat diese Meinung ausgesprochen in den Officien der Feste Nativ. und Circumcis. Dom. n. J. Ch.: „O magnum mysterium et admirabile sacramentum, ut, animalia viderent Dominum natum jacentem in praesepio" und ferner

„Domine, audivi auditum tuum et timui; consideravi opera tua et expavi: in medio tuorum animalium jacebat in praesepio et fulgebat in coelo."

3) Das Licht in der Grotte bei der Geburt Christi, hist. de Nativ. C. 13, Evang. inf. C. 3.: „Als aber Maria in die Höhle trat, fing die ganze Höhle, in welcher niemals Licht war, sondern immer Finsterniß, an, erleuchtet zu werden, und als ob die Sonne daselbst wäre, Lichtglanz zu verbreiten; und als ob es die sechste Stunde des Tages wäre, so erleuchtete das göttliche Licht dieselbe Höhle und hörte nicht auf, weder bei Tag noch bei Nacht, so lange Maria daselbst war. Hierzu bemerkt Hofmann mit Unrecht (S. 107): „Während in den canonischen Evangelien Christus sich während seines ganzen Lebens in dem Zustande der Niedrigkeit befindet, und sich der himmlische Glanz über dieses niedrige Leben erst durch seine Erhöhung ausgießt, so stellen die Apokryphen seine Niedrigkeit immer nur als eine scheinbare dar, indem der Glanz seiner himmlischen Majestät nirgends und niemals etwas seiner Unwürdiges durchbringen läßt." Die Oberflächlichkeit dieser Bemerkung ist offenbar; erstreckt sich auch der Stand der Erniedrigung Christi von seiner Menschwerdung bis zu seinem Tode am Kreuze, so leuchten doch auch schon durch seine Erniedrigung einzelne Strahlen seiner göttlichen Majestät und seiner künftigen Verherrlichung durch: so bei seiner Geburt der Lobgesang der Engel, die Huldigung der Weisen des Morgenlandes, der Dienst der Engel bei seiner Versuchung, die Theophanie bei seiner Taufe, seine Verklärung auf Tabor, sein Einzug in Jerusalem, überhaupt jedes Wunder, welches Christus gewirkt hat,

und besonders die Wunder bei seiner Gefangennehmung und seinem Tode. Mag man übrigens über das Thatsächliche des in Rede stehenden Wunders denken, was man will: jedenfalls ist es ein schöner Gedanke des apokryphen Schriftstellers, diese niedrigste Stätte der Geburt Christi in einen herrlichen Tempel umzuwandeln; und insbesondere ist das Erscheinen des prächtigen Lichtglanzes beim Eintreten Christi in die Welt eine sinnreiche Versinnlichung des evangelischen Wortes: Et lux in tenebris lucet; et tenebrae eam non cum comprehenderunt. (Joh. 1, 5.)

4) **Jesus wurde von seinen eigenen Eltern, entweder von Joseph oder Maria beschnitten** (Evv. inf. C. 5). „Und da die Zeit da war der Beschneidung, nämlich der achte Tag, an welchem das Gesetz besiehlt, daß die Knaben beschnitten werden, beschnitten sie ihn und nannten seinen Namen Jesus" hier wird ausdrücklich gesagt — wenn wir nämlich das Vorhergehende vergleichen — daß die Beschneidung in der Höhle stattfand und zwar durch die Eltern Jesu selbst. Diese beiden Angaben vertheidigt Benedikt XIV. ausführlich l. c. Nro. 14 und 15. Er bemerkt ausdrücklich, daß einige Maler, welche die Beschneidung Christi darstellen, dieselbe mit Unrecht im Tempel durch einen Priester ausführen lassen.

5) **Die Räuber, welche mit Christo gekreuzigt wurden** (Evv. inf. C. 23). „Auf der Flucht nach Egypten fanden sie in einer wüsten unsichern Gegend zwei Räuber Titus und Dumachus. Titus sprach zu Dumachus: ich bitte dich, laß diese ungestört ziehen, auf daß nicht unsere Genossen sie bemerken. Dumachus aber wollte nicht; da sprach Titus wiederum zu ihm: Nimm dir 40 Drachmen von mir, und diesen meinen Gürtel nimm zum Pfand; und er reichte ihm denselben sogleich hin. Da nun Maria sah, wie dieser Räuber ihnen Gutes erwies, sprach sie zu ihm: Gott der Herr möge dich schützen mit seiner Rechten und dir Vergebung der Sünden schenken. Und es antwortete Jesus und sprach zu seiner Mutter: Mutter, nach 30 Jahren werden mich die Juden in Jerusalem an's Kreuz schlagen, und jene beiden Räuber werden mit mir ans Kreuz erhöht werden,

Titus zu meiner Rechten und Dumachus zu meiner Linken; und an jenem Tage wird Titus vor mir in das Paradies eingehen."

Die Namen der beiden Räuber sind nach dem Evang. Nicodemi C. 9 Dismas und Gestas, bei Beda vener. heißen sie Matha und Joca, noch bei andern Zustin und Visimus.¹ Welches auch immer die Namen der mit Jesu gekreuzigten Räuber sein mögen, und wie nahe auch der Gedanke liegt, daß der apokryphe Verfasser aus bloßer dichterischer Willkühr ohne historische Grundlage Personen der späteren Geschichte Jesu in seine Jugendgeschichte verflochten sein läßt: so ist doch die Erzählung selbst durchaus sinnreich und insbesondere mit den dogmatischen Sätzen über die Gnade in vollem Einklange. Auch das Gute, welches im Stande der Ungnade gewirkt wird, wenn es auch an sich nicht verdienstlich ist (Meritum de condigno), erwirbt dem Menschen oft die Gnade der Bekehrung. „Mache dich los von deinen Sünden durch Almosen", mahnt Daniel den Nabuchodonosor, „von deinen Missethaten durch Barmherzigkeit gegen die Armen, so wird vielleicht Gott deine Sünden verzeihen." (Daniel 4, 24.)

6) **Todesart des Königs Herodes** (hist. de Nativ. C. 24, *hist. Jos. c. 90*, Evang. inf. c. 26). „Als seit der Flucht nach Egypten 3 Jahre verflossen waren, sagte der Engel zu Joseph: „Kehre zurück in das Land Juda, denn diejenigen, welche dem Kinde nach dem Leben trachteten, sind gestorben." Herodes aber war gestorben an einer scheußlichen Todesart, indem er die Strafe büßte für das unschuldig vergossene Blut der Knaben, die er ungerechter Weise umbringen ließ, da doch an ihnen keine Sünde war."

Dieses schreckliche Ende des Herodes kann gewiß mit vollem Rechte als die wohlverdiente Strafe seiner vielfältigen unmenschlichen Grausamkeiten angesehen werden. Auch Josephus antiqu., 7, 8 und bell. jud. 1, 21; Euseb. h. e. 1, 8 beschreiben diese scheußliche Todesart: Ein innerer Brand, der nach und nach in Fäulniß überging und Würmer erzeugte, ein Abfaulen der Genitalien; die heftigsten

---

¹ Die griechische Kirche feiert als Gedächtnißtag des guten Räubers den 23. März, die lateinische Kirche den 25. März.

Schmerzen in allen Theilen des Körpers, Entzündung und Aufschwellung der Füße, dabei ein unauslöschlicher Durst: das waren die schrecklichen Symptome seiner Krankheit (Phthyriasis).¹

7) **Die Wiederkunft Henoch's und des Elias** hist. Jos. c. 31. „Nachdem die Apostel die Reden Christi über das Leben und den Tod Joseph angehört hatten, sprachen sie: O, unser Heiland, erweise uns deine Gnade; .... Wir müssen uns wundern über das Geschick Henoch's und des Elias, daß sie nämlich keinem Tode unterworfen waren. Denn sie weilen in den Wohnungen der Heiligen bis auf den heutigen Tag und ihre Körper sahen die Verwesung nicht .... Es antwortete der Heiland und sprach: .... Was Henoch und Elias betrifft, wie sie bis auf diesen Tag am Leben bleiben konnten in demselben Leibe, in welchem sie geboren waren, ... so sage ich euch: Wenn auch ein Mensch viele tausend Jahre in der Welt lebt, so muß er doch einmal das Leben mit dem Tode vertauschen. Und ich sage euch, meine Brüder, auch jene müssen am Ende der Zeiten in die Welt zurückkehren, und ihr Leben beschließen, nämlich am Tage der Bewegung des Schreckens, der Angst und der Drangsale. Denn der Antichrist wird vier Leiber tödten,² .... wegen der Schmach, der sie ihn aussetzen werden, und des Schimpfes halber, womit sie ihn, wenn seine Gottlosigkeit offenbar geworden ist, als Lebende brandmarken werden."

Evang. Nicod. c. 25. finden Jesus, und die ihn begleiten, Adam, der Erzengel Michael und die heiligen Väter des alten Bundes, im Paradiese zwei alte Leute. Da frugen die, welche Jesum begleiteten: wer seid ihr, die ihr den Tod nicht sahet und nicht kamet in die Unterwelt, sondern mit Leib und Seele in dem Paradiese wohnet? Einer von ihnen antwortete und sprach: ich bin Henoch und jener ist Elias. .... und wir werden leben bis zu der Welt Ende; dann aber werden wir von Gott gesendet werden zum Kampfe wider den Anti-Christ und von diesem getödtet werden und nach drei Tagen aufer-

---

¹ Historisch berühmt sind die ähnlichen Todesarten Sulla's und Antiochus IV.
² Siehe Hofmann S. 316 u. 317.

stehen und in den Wolken hinweggenommen werden zur Gemeinschaft des Herrn."

Die vorstehend erzählte Wiederkunft Henoch's und des Elias ist auch das allgemeine Dafürhalten der christlichen Lehrer Jrenäus, Tertullian, Hypolitus, Ambrosius, Augustinus, Hieronymus u. A. Beide werden am Ende der Tage wiederkehren, und nachdem sie Christo gegen den Antichrist Zeugniß gegeben, von diesem den Martertod erleiden; und zwar soll, wie Elias der Juden, so Henach der Heiden Apostel sein. Man sehe im Kirchen-Lexikon die Artikel „Elias" und „Henoch".

8) **Maria, die Sünderin (Magdalena) ist identisch mit der Maria, welche zu Bethania im Hause Simon's des Aussätzigen Christum gesalbt hat.** Evang. inf. c. 5 heißt es: „An dem Tage, da Jesus beschnitten wurde, nahm eine alte Hebräerin das Häutchen (sie soll auch die abgeschnittene Nabelschnur genommen haben), und verbarg es in einem Büchschen voll alten Nardenöls. Sie hatte aber einen Sohn, der war Salbenhändler; dem übergab sie es und sprach: hüte dich, dieses Büchschen mit Nardenöl zu verkaufen, wenn auch 300 Denare dir dafür geboten würden. Und das ist jenes Büchschen, das sich Maria die Sünderin verschaffte und es auf das Haupt und die Füße unseres Herrn Jesu Christi ausgoß, und sie mit den Haaren ihres Hauptes trocknete."

Hierzu bemerkt Hofmann S. 121: Offenbar ist mit Maria der Sünderin Maria Magdalena gemeint, die zwar nirgends im neuen Testamente als die Salbende bezeichnet wird, aber jetzt in der römischen Kirche allgemein dafür gilt . . . . . . Ist es nun zwar bisher unmöglich gewesen, eine Harmonie der canonischen Berichte in Bezug auf die Person der Salbenden herauszubringen, so ist doch so viel gewiß, daß in keinem derselben Maria Magdalena gemeint ist, und daß, wenn die römische Kirche dennoch sich für diese erklärt, und ihr noch dazu den ehrenvollen Charakter einer Sünderin beilegt, dies nur in Folge einer gedankenlosen Zusammenwürfelung der verschiedenen canonischen Berichte geschehen kann.

Auf diese Expectorationen Hofmann's antworten wir:

a) Daß die römische Kirche nie und nirgend über diese exegetische Frage eine Erklärung abzugeben hat.

b) Daß es allerdings seit vielen Jahrhunderten in der lateinischen Kirche, besonders seit Pabst Gregor I., eine sehr verbreitete Meinung gewesen ist, Maria Magdalena sei identisch sowohl mit Maria der Schwester Martha's und des Lazarus, welche den Heiland sechs Tage vor seinem Tode im Hause Simons zu Bethanien salbte, (Joann. 12. 1—8) als auch mit jener öffentlichen Sünderin, welche schon früher zu Naim im Hause eines Pharisäers die Füße Jesu gesalbt hatte. (Luc. 7, 37.)

c) Gegen diese Meinung läßt sich vom exegetischen Standpunkte aus wenig Erhebliches sagen, was nicht schon eine solide Lösung gefunden hätte. (Siehe hierüber die Bolland. 22. Juli in vita S. Mar. Magdal., Comment. praev. § IV, VI et VII.)

d) Seit dem 16ten Jahrhundert vertreten jedoch viele katholische Exegeten z. B. Estius, Tillemont, Launoy, die andere Meinung, daß nämlich Maria die Sünderin, Magdalena und Maria, Schwester des Lazarus, drei verschiedene Personen gewesen seien. Die Entgegnung des gelehrten Bollandisten Sollerius auf alle von den eben genannten Exegeten vorgebrachten Gründe siehe L. C. § V, VIII—XI.

e) Ob die in der lateinischen Kirche am meisten verbreitete Ansicht ihr Entstehen nur, wie Hofmann sagt, einer gedankenlosen Zusammenwürfelung der verschiedenen canonischen Berichte, verdankt, möge Hofmann mit jener zahllosen Menge von tüchtigen Exegeten aus den letzten zwölf Jahrhunderten ausmachen. Uns scheint die erwähnte Beschuldigung Hofmann's ein Zeichen von nicht gar großer Bescheidenheit und Pietät zu sein.[1]

9) Ueber die Wunder, die Jesus nach den Angaben der Apokryphen in seiner Kindheit gewirkt haben soll.

---

[1] Vgl. Kirchen-Lexikon, Artikel „Magdalena", 6. Bd. S. 726—727. S. Baron. a 32 v. 18 seq. Natal. Alex. H. E. Saec. I. Diss. 17 mantissa. Theophylact. in Matth. c. 26 (Op. I. 143). Phot. Amphiloch. 48 (Mai. Vett. Script. Nov. Coll. t. IX. p. 40 seq).

Aus der Zeit des Aufenthalts Jesu in Egypten und seines verborgenen Lebens in Nazareth nach der Rückkehr von da werden, besonders in der historia de nativ., in dem Evang. inf. und dem Evang. Thomae Israelitae, eine Menge von Wundern berichtet: Die wilden Thiere beten Jesum an, die Bäume und Quellen gehorchen ihm, die Götzenbilder stürzen zusammen, viele Kranke und Elende aus jedem Alter, Stande und Geschlechte werden geheilt, dadurch, daß sie Jesum selbst oder nur seine Windeln berühren oder daß sie mit dem Wasser besprengt werden, womit er gewaschen wurde, er macht Lehmfiguren lebendig,[1] hilft seiner Mutter und seinem Vater einige Male in wunderbarer Weise bei der Arbeit; macht Todte lebendig u. s. w., aber auch durch strafende Thaten offenbart er seine Wundermacht: Zwei Knaben, die ihn beleidigt, werden durch sein Wort getödtet, seine Ankläger läßt er erblinden u. s. w. (siehe Hofmann an verschiedenen Stellen).

Wir werden hier nicht auf eine Untersuchung eingehen, welche von diesen Wunderberichten etwa als historisch richtig angenommen werden könnten; nur ein paar Fragen von allgemeiner Art wollen wir zu beantworten suchen.

A. **Ist es mit Rücksicht auf Joann. 2, 11 zulässig, anzunehmen, daß Jesus schon vor der Hochzeit zu Kana Wunder gewirkt habe?** Bei Joan. wird nämlich gesagt: Diesen Anfang der Wunderzeichen machte Jesus zu Kana in Galiläa. Der berühmte portugiesische Exeget Barrabius (aus dem Jesuitenorden) hat über vorstehende Frage eine eingehende Untersuchung angestellt in seinem großen Werke: Commentaria in concordiam et historiam evangelicam. Antverpiae 1617.[2]

---

[1] Vgl. „Legenden von Carl Simrock". Bonn 1855. S. 43.
[2] Tom. II. Lib. III. c. 2 Nr. 25 seq. Sebastian Barradius (ob. Barrabas) war im Jahre 1542 zu Lissabon von adeligen Eltern geboren, und trat 1558 zu Coimbra in die Gesellschaft Jesu. Nachdem er einige Zeit die Philosophie gelehrt, erwarb er sich durch seine Predigten einen solchen Ruhm, daß man ihn insgemein den portugiesischen Apostel Paulus nannte. Er führte dabei ein sehr strenges und heiliges Leben, welches Viele bewog, nach Coimbra zu reisen, um ihn nur zu

Daraus haben wir für das Folgende die betreffenden Stellen für oder gegen die Annahme von Wundern Christi vor der Hochzeit zu Kana entnommen.

Schon Chrysostomus berichtet, daß Einige, nicht er, der Ansicht seien, Christus habe zu Kana nicht sein erstes Wunder überhaupt, sondern nur das erste von den in Kana geschehenen Wundern. gewirkt. Diese Ansicht vertreten auch

Zacharias in concordia evangelica: „inter multa, quae fecit Christus signa in Cana, fuit hoc primum."

Hugo Cardinalis: „non dicit evangelista simpliciter primum signum; sed in Cana Galilaeae primum."

Auch bei der Voraussetzung, Joan. habe nur sagen wollen, daß Christus sein erstes öffentliches Wunder zu Kana gewirkt habe, wäre von Seite der canonischen Berichte nichts gegen die Annahme von Wundern aus der Kindheit Jesu einzuwenden. Exegetisch zulässig ist aber diese Voraussetzung, besonders deshalb, weil Joan. nach dem Procemium seines Evangeliums sofort mit dem öffentlichen Leben Jesu beginnt. Die Annahme von früher schon durch Christus gewirkten Wundern finden wir noch durch die Worte Maria's bestätigt (Joan. 2, 5): „Alles, was er euch saget, das thuet."

Uns liegt die Vermuthung sehr nahe, daß diese zuversichtliche Erwartung eines Wunders von Seiten Maria's ihren Grund gehabt habe in der thatsächlichen Erfahrung der wunderthätigen Macht Jesu, und nicht blos in ihrem abstracten Glauben an die Gottheit ihres Sohnes.

Ferner ist die Erscheinung Jesu auf Erden, eben nach den canonischen Berichten, begleitet gewesen von einer Menge wunderbarer Thatsachen: Seinen ersten Eintritt in die Welt verkündigt ein Engel; ohne Zuthun eines Mannes wird er empfangen, von einer Jungfrau geboren; seine Geburt selbst verkündigt ein Engel den Hirten Beth-

---

sehen oder ein Stückchen von seinen Kleidern mit wegzubringen. Er starb 1615. (Allgemeines historisches Lexikon. Leipzig 1730. 1. Bd. S. 409.)

lehems, eine Schaar himmlischer Geister feiert sie burch lauten Lob=
gesang; ein himmlisches Gestirn führt die morgenländischen Weisen
an seine Krippe; Engel bezeichnen ihnen ben Weg zur Rückkehr in
die Heimath; ihn preist bei der Darstellung im Tempel Simeon als
das Licht der Welt; vor den Nachstellungen des Herodes wird er
durch himmlische Wachsamkeit gerettet; als zwölfjähriger Knabe setzt
er die Weisesten des Volkes burch seine höhere Weisheit in Staunen.
Freilich tritt Jesus in all diesen wunderbaren Thatsachen selbst nicht
so sehr handelnd auf; aber diese Eigenthümlichkeit haben auch die
meisten wenigstens der aus dem Aufenthalte in Egypten berichteten
Wunder. Wir glauben mit Sicherheit behaupten zu dürfen, daß durch
die beiden Evangelisten Mathäus und Lucas, welche die vorerwähnten
wunderbaren Thaten aus der Kindheit Jesu aufgezeichnet haben, noch
lange nicht alles Wunderbare, was sich in seiner Kindheit zugetragen,
niedergeschrieben worden ist. „Jesus Christus", sagt Hettinger,[1]
„die persönliche Erscheinung der Gottheit im Fleische, der Unsterbliche
im Gewande der Sterblichkeit, ist selbst das Wunder im eminenten
Sinne, das große, höchste, ewige, einzige Wunder und Geheimniß;
darum muß ein Kreis des Wunderbaren ihn umziehen, von seinem
Eintritt in's Leben bis zu seinem Austritt, es müssen hindurchblitzen
die Strahlen der Gottessonne, hat sie gleich sich umhüllt mit dem
Mantel der Niedrigkeit."

Wir glauben, daß man diesen Kreis des Wunderbaren, welcher
Christum in seiner Jugend umzog, nicht beschränken darf auf die
wenigen Berichte der Evangelisten Mathäus und Lucas.

Allein eine Menge angesehener Schriftsteller halten dafür, daß
Christus erst in Kana den Anfang seiner gesammten Wunderthätigkeit
gemacht habe. Barrabius führt für diese Ansicht namentlich
Chrysostomus an, welcher dieselbe durch folgende vier Gründe
vertheidigt:[2]

---

[1] Hettinger, Apologetik 2. Bd. S. 650.
[2] Chrysost., homil. 16 in Joan., ad verba Baptistae: et ego nesciebam
eum &c.

1) Joan. bezeugt, Christus habe das erste Wunder zu Kana auf der Hochzeit gewirkt: also hatte er vor der Hochzeit keine Wunder gewirkt.

2) Bevor Jesus anfing, zu lehren, war kein Grund vorhanden, Wunder zu wirken; das sei ganz richtig, bemerkt Barrabius, denn wie der heilige Thomas sage, 2. p. qu. 43 art. 3., wirkte Christus seine Wunder zur Bestätigung seiner Lehre: Also, ehe er anfing zu lehren, durfte (debuit) er keine Wunder wirken.

3) Hätte Christus in seiner Jugend Wunder verrichtet, so würde er dem Volke bekannt gewesen sein und hätte nicht nöthig gehabt, von Johannes dem Täufer öffentlich bekannt gemacht zu werden. .... Daraus folgt, daß jene Zeichen und Wunder, welche Christus in seiner Jugendzeit gethan haben soll, nicht wahr sind (vera non esse).

4) Christus hat in seiner Jugend keine Wunder gewirkt, weil diese leicht für Gaukeleien gehalten werden konnten; dies hätten die Theilnehmer an dergleichen Wundern leicht meinen können. Denn, wenn Viele das von den im reifen Alter gewirkten Wundern geglaubt haben, was würden sie bei den Wundern eines Knaben gedacht haben?"

Bei aller Ehrfurcht, welche wir gegen die Gelehrsamkeit, Beredsamkeit und Heiligkeit des berühmten Kirchenlehrers hegen, glauben wir doch, gegen die vorgenannten Gründe Einiges bemerken zu dürfen.

Ad 1. Da weder eine exegetische Nöthigung noch eine kirchliche Erklärung vorliegt, welche uns veranlassen müßte, die Worte bei Joan. 2, 11. so zu verstehen, daß Christus in Kana überhaupt sein erstes Wunder gewirkt habe, so müssen wir den ersten der vier Gründe als unhaltbar zurückweisen.

Ad 2. Chrysostomus sagt, (und die folgende Aussage desselben bekräftigt Barrabius durch das Ansehen des h. Thomas), die Wunder dienten zur Bestätigung der Lehre, also durften (oder brauchten) vor dem öffentlichen Lehramte Christi keine Wunder zu geschehen. Zur Antwort darauf diene

a) Der Hinweis auf die obigen Worte Hettingers, daß Jesus Christus als die persönliche Erscheinung der Gottheit im Fleische von einem Kreise wunderbarer Erscheinungen und zwar vom Anfange seines irdischen Lebens an umgeben sein mußte, wie dies auch von den canonischen Berichten bestätigt wird.

b) Bemerken wir, daß keineswegs zugegeben werden kann, der einzige Zweck der Wunder Christi sei die Bestätigung seiner Lehre; mag dies auch der hauptsächlichste Zweck derselben sein, so müssen wir doch auch noch mehrere andere Zwecke derselben anerkennen: einerseits, durch die Wunder seine barmherzige Liebe und Güte kund zu geben, andererseits durch dieselben seine Lehre zu versinnbildlichen und zu veranschaulichen. Ersteres folgt schon aus den Worten Christi selbst, die er vor dem Wunder der Brodvermehrung sprach: Misereor super turbam (Marc. 8, 2.):[1] In letzter Hinsicht gilt das Wort des h. Gregorius:[2] Dominus ac Redemptor noster per Evangelium suum aliquando verbis, aliquando rebus loquitur.[3] Will man uns einwenden, diese beiden Zwecke der Wunder ließen sich unter den einen Hauptzweck subsumiren, indem Christus ja durch die Erweisung seiner Barmherzigkeit in den Wundern eben zeige, daß er der Barmherzige sei, und, indem er durch die symbolischen Momente seiner Wunder ebenfalls die gesinnbildeten Lehren ertheile: so haben wir nichts dagegen; glauben aber, daß Christus

---

[1] Vgl. Math. 14, 14. Marc. 7, 37.

[2] Gregor. M. Homil. XXXII. in Ev.

[3] Augustin. Civ. Dei 22. 8. Habent miracula linguam suam, habet aliquid intus hoc, quod miramur foris.

Hettinger S. 618: „Das Wunder Christi und seine Lehre sind ein unzerreißbares Ganze, die Lehre weist auf seine Wunder hin, das Wunder bestätigt und sinnbildet seine Lehre; seine Lehre ist ein Wunder und sein Wunder eine tief bedeutsame Lehre. Hettinger S. 662 folg. über die erstere Bedeutung der Wunder: Wo Schwestern am Grabe eines geliebten Bruders weinen, wo eine Mutter in stummem Schmerze dem Sarge ihres einzigen Kindes folgt, wo ein Leidender schmachtet, wo ein armer Blinder bettelt, wo ein krankes Weib mit Vertrauen den Saum seines Gewandes erfaßt — da geht eine Kraft von ihm aus und heilt Alle.

schon vor seinem öffentlichen Lehramte durch Wunderwirken in engern Kreisen, etwa mit Rücksicht auf seine Mutter, um ihren Wünschen und Bedürfnissen entgegenzukommen, zeigen konnte, daß er zugleich der Mächtige und Barmherzige sei: wir halten dies für durchaus wahrscheinlich, mindestens sagen wir, daß diese Ansicht nicht mit den Grundsätzen der canonischen Evangelien in Widerspruch steht.

Ad 3. Chrysostomus behauptet, wenn Christus in seiner Jugend Wunder gethan hätte, so wäre er dem Volke bekannt gewesen und hätte nicht von Johannes dem Täufer bekannt gemacht zu werden brauchen (manifestari). Hierauf antworten wir, daß die von den Apokryphen angegebenen Wunder Jesu ja zum großen Theil in Egypten geschehen sein sollen, also ein Bekanntwerden derselben beim jüdischen Volke sehr unwahrscheinlich war. Auch von den in Nazareth angeblich geschehenen Wundern brauchen wir nicht anzunehmen, daß sie zur Kunde des ganzen Volkes gelangt waren; aber selbst dieses angenommen, behält die Manifestirung Jesu durch Johannes dennoch ihre volle Bedeutung; denn mit dem Bekanntwerden der Wunder als Thatsachen war sicher kein Bekanntwerden der Person des Wunderthäters verbunden, so daß also Johannes nichts Ueberflüssiges that als er Jesum dem Volke bekannt machte.

Ad 4. Der letzte von Chrysostomus angegebene Grund, daß Jesus in seiner Jugend keine Wunder gethan haben könne, weil sie leicht für Gaukeleien angesehen worden wären, ist nicht stichhaltig, weil er zu viel beweisen würde. Wäre es die Absicht Christi gewesen, nur dann Wunder zu wirken, wenn dieselben auch als solche von denen, die sie sahen, anerkannt wurden: so hätte er überhaupt das Wunderwirken unterlassen müssen. Uebrigens glauben wir, daß das Argument sich eher umkehren ließe, eher kann man die Wunder eines gereiften und erfahrenen Mannes, als die eines kleinen Knaben für Gaukeleien und Trugspiele ansehen.[1]

---

[1] Beachtenswerth ist das Verfahren der Kirche gegen die Gnostiker, Cerinth u. A., welche die Meinung aufstellten, als habe erst im Moment der Taufe sich

B) Sind aber nicht wenigstens die aus der Jugendgeschichte Jesu berichteten Strafwunder zu verwerfen?

Wir fassen uns kurz. Halten wir den mehrmals genannten Hauptzweck der Wunder, durch dieselben Lehren zu ertheilen oder zu bekräftigen, im Auge, so läßt sich auch gegen Strafwunder Jesu nichts einwenden.

Die Evangelien selbst enthalten einen Bericht, wonach Jesus seine Wundermacht nicht im Dienste des Segens entfaltet, nämlich bei der Verfluchung des Feigenbaumes (Math. 21, 18—22, Marc. 11, 12—14 und 19—26).[1] Ebenfalls geschieht durch den Apostel Petrus das berühmte Strafwunder in dem plötzlichen Tode des Ananias und der Saphira. Apostelgeschichte 5, 1—12; man bemerke, daß die Wunder der Apostel im Namen Jesu geschahen.

Indeß sind wir weit entfernt, den Strafwundern aus den Kindheitsevangelien irgend welche historische Bedeutung zuzusprechen; dieselben sind nämlich der Art, daß sie Jesus mehr als einen böswilligen Knaben, denn als würdevollen Bestrafer verstockter Bosheit erscheinen lassen.

C) Dürfen wir wenigstens in den von den Apokryphen aus der Kindheit Jesu berichteten Wundern, abgesehen von der Frage, ob ihnen ein historischer Kern zu Grund liegt oder nicht, einzelne der katholischen Lehre angemessene symbolische Momente erkennen?

Auf diese Frage antworten wir mit Entschiedenheit, daß auch nicht ein einziges der Wunder aus der Kindheit Jesu in seinen

---

die göttliche Kraft mit der Person Jesu verbunden; im Gegensatz zu dieser häretischen Lehre haben mehrere Väter Wunder aus der Jugend Jesu anerkannt. Die von Sepp (Leben Christi II. S. 61. 62) hiergegen vorgebrachten Argumente sind unhaltbar, wie aus unsern bisherigen Erörterungen hervorgeht.

[1] Hettinger S. 663: Die ganze Handlung ist symbolisch; es ist die plastische Darstellung des Wortes: Der Baum, der keine Früchte bringt, wird ausgehauen und in's Feuer geworfen, welches in der Geschichte Israels seine Anwendung und Erfüllung finden sollte.

doctrinalen Voraussetzungen von der Lehre der Kirche abweicht, mögen auch die märchenhaften Ausführungen derselben noch so geschmacklos und widerwärtig sein.[1] Zum Beweise dieser Behauptung lassen wir zwei oder drei der betreffenden Wunderberichte hier folgen.

1) Evang. inf. c. 11.: Der besessene Sohn eines jüdischen Priesters traf Joseph und Maria, als letztere gerade die Windeln Christi des Herrn gewaschen und auf einer Stange aufgehängt hatte. Der besessene Knabe zog eine von diesen Windeln herab und legte sie auf sein Haupt; und sogleich fingen die bösen Geister an, aus seinem Munde hinauszugehen und in Gestalt von Raben und Schlangen zu fliehen u. s. w.

Zu den durch die Windeln Christi angeblich bewirkten Wundern bemerkt Floß,[2] um ihre symbolische Bedeutung hervorzuheben. „Die Phantasie orientalischer Christen hat sich die Kraft der Windeln versinnbildlicht, welche den Leib des göttlichen Kindes berührt hatten, das uns retten sollte aus Tod und Sünde. Satans Macht neigte ihrem Ende zu, von dem Augenblicke, wo die That der göttlichen Liebe sich in Bethlehem erfüllte.

Alles, was den Neugeborenen berührt, empfängt von ihm rettende und heilende Kraft; die Windeln, die seine zarten Glieder bedeckten, machten Satan und seinen Dienst zu Schanden, schützten gegen die zerstörenden Mächte der Natur und heilten vom leiblichen Uebel..... Die Windeln symbolisirten die große Erniedrigung des Gottessohnes, welche die Ursache unserer Rettung, wie der Erhöhung und Verherrlichung des Gottmenschen wurde .... Die Windeln, die den Sohn Gottes in seiner Erniedrigung binden, treten eben hierdurch in eine mystische Beziehung zur sündigen und leidenden Menschheit. Sie binden denjenigen, der die Banden unserer Sünden auf sich genommen hat, sie kündigen die Liebe dessen an, der jetzt den Schuldigen nicht

---

[1] Selbst die eben erwähnten Strafwunder aus der Kindheit Jesu nehmen wir hier nicht aus, indem auch sie die Idee der göttlichen Macht und Gerechtigkeit des Knaben Jesus zur Voraussetzung haben.
[2] Floß, Aachener Heiligthümer S. 367. Bonn 1855.

strafen will, sondern in den Windeln und Banden der Liebe gefesselt ihm Gnade und Sühne verheißt. Maria bindet beide Hände und Füße des Jesukindes, sie sollen dereinst strengere Bande tragen, scharfe Nägel sollen sie an den Kreuzesstamm heften und bittere Todeswunden dem göttlichen Herrn schlagen, auf daß die Sühne durch den Opfer= tod des Allerhöchsten vollkommen werde. Die Windeln, die die zarten Glieder des Jesukindes fesseln, bieten also vielfache mystische Bezüge dar, die auch in jenen Legenden theilweise durchleuchten."

2) Evang. inf. c. 15. „An einem Abend kam die h. Familie in eine Stadt, in welcher eine Hochzeit gefeiert wurde. Aber durch die Künste des verwünschten Satan und durch die That der Zauberer war die Braut verstummt. Als nun die Herrin Maria, Christum auf den Armen tragend, in die Stadt kam, und die stumme Braut sie erblickte, streckte dieselbe ihre Hände gegen den Herrn Christum aus, zog ihn an sich und nahm ihn auf die Arme. Und nun schmiegte sie sich fest an ihn, küßte ihn viele Male, und wiegte ihn zum öftern hin und her und drückte ihn an ihre Brust. Alsobald ward der Knoten ihrer Zunge gelöset;.... und sie fing an, Gott, weil er ihr die Gesundheit wiedergegeben hatte, Lob und Dank zu singen u. s. w.[1]

Die Application vorstehender Legende auf die heilige Communion und ihre gnadenreiche Wirkung liegt so nahe, daß wir kein Wort zur Erläuterung hinzusetzen brauchen.

3) Evang. inf. c. 16 & 17. In einer Stadt, wohin die heilige Familie kam, war eine vornehme Frau; als diese einmal zum Flusse ging, um sich zu baden, sprang der Satan in Gestalt einer Schlange auf sie und umschlang ihren Leib, und allemal in der Nacht streckte er sich über ihr aus. Als nun diese Frau die Herrin Maria und das Christuskind auf ihrem Schooße sah, bat sie Maria, daß sie ihr das Kind tragen und küssen lasse. Diese ließ es zu, und kaum hatte jene das Kind an sich genommen, so wich der Satan von ihr und verließ sie fliehend, und niemals sah ihn die Frau wieder seit jenem Tage.

---

[1] Man sehe eine ähnliche Legende in Mehler's Beispiele ꝛc. 3. Bd. S. 111. Regensburg 1855.

Die symbolische Auslegung dieses offenbar erdichteten Heilungswunders finden wir bei Nicolas:[1]

Die vornehme Frau ist das gesammte Menschengeschlecht, welches die Schlange des Götzendienstes mit ihren giftigen Windungen zu Grunde zu richten drohte. Sobald als das Kind aus dem Schooße Maria's dem unglücklichen Menschengeschlechte geschenkt wurde, ward die Macht des Götzendienstes vernichtet und die Gewalt des Satans gebrochen.

Aus diesen wenigen Beispielen sehen wir, daß selbst den albernsten und abstoßendsten Wundererzählungen aus der Kindheit Jesu ein richtiger, ja ein schöner und erhabener christliche Gedanke zur Grundlage dient. —

Anhang.

§ 12.

Zum Beweise, daß die Apokryphen neben manchen Geschmacklosigkeiten auch wahrhaft vortreffliche Stellen enthalten, gestatten wir uns noch Einiges hinzuzufügen.

Evang. de nat. Mariae c. 2 spricht der Engel zu Joachim, um ihm die Absichten Gottes in den anscheinenden Strafen klar zu machen. Gott der Herr hat deine Scham gesehen und die Schmach der Unfruchtbarkeit gehört, die doch nicht mit Recht dir vorgeworfen wurde. Denn der Sünde, nicht der Natur Rächer ist Gott; wenn er also Einer den Schooß verschließt, thut er es dazu, daß er ihn darnach um so wunderbarer öffnet und man erkenne, es sei nicht von der Lust, was geboren wird, sondern göttlichen Geschenkes. Ist denn nicht die Ahnmutter eures Geschlechtes bis in's 80ste Jahr unfruchtbar gewesen und doch gebar sie in der letzten Zeit ihres Alters den

---

[1] Nicolas l. c. p. 55 & 56.

Isaak, dem verheißen war der Segen aller Völker. Auch Rachel, die doch dem Herrn so angenehm und von dem h. Jakob so geliebt war, ist lange unfruchtbar gewesen, und gebar doch den Joseph, der nicht allein Herr von Egypten, sondern Erretter so vieler Völker ward, die vor Hunger umgekommen wären. Wer war unter den Anführern stärker als Simson und heiliger als Samuel? und doch hatten beide unfruchtbare Mütter. Wenn also die Ueberlegung dich durch meine Worte nicht überzeugt, so glaube dem Geschehenen, daß die lang=verschobene Empfängniß und unfruchtbare Geburt wunderbarer zu sein pflegt. So wird auch dein Weib Anna dir eine Tochter gebären, und du sollst ihren Namen Maria nennen u. s. w.

Protevang. c. 2. Klagegebet der Anna wegen ihrer Kinder=losigkeit. .... „Anna ward sehr betrübt, legte ihre Trauerkleider ab, zog ihre Brautkleider an, und ging in den Garten um die neunte Stunde, um sich zu ergehen. Da sah sie einen Lorbeerbaum; unter den setzte sie sich und betete zum Herrn also: Gott meiner Väter, segne mich und erhöre mein Flehen, wie du gesegnet hast den Leib Sara's, und hast ihr einen Sohn gegeben, den Isaak. Da sie aber zum Himmel aufblickte, sah sie das Nest eines Sperlings auf dem Lorbeerbaum, seufzte und sprach: Weh mir, weh mir, wer hat mich gezeugt? und welcher Leib hat mich geboren, daß ich zum Fluch ge=worden bin vor den Kindern Israels und geschmäht und beschimpft und verstoßen vom Tempel des Herrn meines Gottes. Weh mir, wem kann ich mich vergleichen? Den Vögeln des Himmels nicht, denn auch die Vögel des Himmels sind fruchtbar vor dir. Weh mir, wem soll ich mich vergleichen? den unvernünftigen Thieren nicht, denn sie sind fruchtbar vor dir, o Herr. Weh mir, wem soll ich mich vergleichen? Den Gewässern nicht, denn sie sind fruchtbar vor dir, o Herr. Weh mir, wem soll ich mich vergleichen? Der Erde nicht, denn auch die Erde bringt ihre Früchte zur rechten Zeit, und segnet dich, o Herr. Zu dir allein bringt mein Gebet, weil du es verordnet hast, daß ich allein von der Wohlthat deiner Güte ausgeschlossen würde" u. s. w.

Hist. de nat. c. 6. Ueber das Leben Mariä im Tempel. Sie hatte sich zur Regel gemacht, vom frühen Morgen bis zur dritten

Stunde anhaltend zu beten, darnach bis zur neunten Stunde sich mit Weberarbeit zu beschäftigen. Von der neunten Stunde an ließ sie wiederum nicht ab vom Gebet, daß sie immer mehr wachse in der Liebe zu Gott; dann wurde sie mit den älteren Jungfrauen im Lobe Gottes unterwiesen, also daß deren keine erfunden wurde, die wachsamer gewesen wäre zum Gebet, verständiger in der Kenntniß des göttlichen Gesetzes, demüthiger in der Demuth, vorzüglicher in den Gesängen Davids, gefälliger in der Liebe, reiner in der Keuschheit, vollkommener in jeglicher Tugend. Denn sie war beständig, fest, unveränderlich, und nahm täglich zu im Guten. Einen Fluch hat Keiner von ihr gehört, und zürnen sah sie Niemand. Ihre Rede aber war voll Anmuth, also daß man erkannte, auf ihrer Zunge sei göttliche Wahrheit. Und sie war besorgt um ihre Genossinnen, daß Keine von ihnen fehle, auch nicht in einer Rede, und daß Keine im Lachen ihre Stimme zu laut werden lasse, oder ungerecht sei und übermüthig gegen Vater und Mutter.[1]

Häufig wurden Engel bei ihr gesehen, die mit ihr sprachen und ihr sehr zuvorkommend dienten. Wenn ein Kranker sie berührte, ging er gesund davon zur selbigen Stunde. So ward Maria gleich einer

---

[1] Hiemit vergleiche die Schilderung ihrer Persönlichkeit, wie sie bei Niceph. B. 2 c. 23 sich findet: Maria war in allen Dingen sittsam und ernst, sprach sehr wenig und zwar nur das Nothwendige; sie war sehr leutselig und erwies Allen ihre Ehrfurcht und Ehrenbezeugung. Sie war von mittlerer Gestalt, obwohl Einige behaupten, daß sie etwas mehr als mittlere Größe gehabt habe. Sie sprach mit allen Leuten mit einer wohl anstehenden Freimüthigkeit, ohne Lachen, ohne Befangenheit, und vorzüglich ohne Gehässigkeit. Sie hatte eine blasse Gesichtsfarbe, blondes Haar, stechende Augen mit gelblichen olivenfarbigen Pupillen. Ihre Augenbrauen waren gebogen und sittsam schwarz, die Nase ziemlich lang, die Lippen frisch und voll Lieblichkeit beim Sprechen. Das Gesicht nicht rund und spitz, aber etwas lang; Hände sowohl als Finger ziemlich lang. Endlich war sie ohne allen Stolz, einfach, und durchaus ohne Verstellung, sie hatte nichts von Weichlichkeit an sich, aber ein äußerst anspruchsloses Wesen. Bei den Kleidern, die sie selbst trug, war sie mit der Naturfarbe zufrieden (was jetzt noch an ihrer heiligen Kopfbedeckung zu sehen ist), kurz: es war in allen ihren Sachen viel göttliche Anmuth. Vgl. de pulchritudine B. M. V. bei Barradius. L. c. T. 1 L. 6. c. 9 & 10.

Taube erzogen im Tempel des Herrn und erhielt ihre Speise von der Hand des Engels. (Siehe Ambrosius, de virginibus lib. 2.) [1]

Schluß.

§ 13.

Wir schließen unsere Abhandlung, indem wir kurz die einzelnen Ergebnisse derselben resumiren:

1) Haben wir erkannt, daß das Vorhandensein von apokryphen Evangelien die Wahrheit und Zuverläßigkeit der canonischen nicht nur nicht beeinträchtigt, sondern noch bestätigt und erhöht. Es sind die Apokryphen, namentlich die ältesten, sehr wichtige Zeugen für die Echtheit der canonischen Evangelien, deren wunderbare Thatsachen sie zur Voraussetzung haben, und aus denen sie eine große Menge von Stellen wörtlich oder fast wörtlich anführen.

2) Haben wir durch triftige und solide Gründe bewiesen, daß in den apokryphen Evangelien selbst zuverläßige historische und dogmenhistorische Elemente enthalten sind.

---

[1] Die Worte des Ambrosius lauten: „.... Quantae in una virgine species virtutum emicant! Secretum verecundiae, vexillum fidei, devotionis obsequium: virgo intra domum, comes ad ministerium, mater ad templum...; Quid ergo exequar ciborum parsimoniam, officiorum redundantiam: alterum ultra naturam superfuisse, alterum pene ipsi naturae defuisse? illic nulla intermissa tempora; hic congeminatos jejunio dies. Et si quando reficiendi successisset voluntas, cibus plerumque obvius, qui mortem arceret, non delicias ministraret. Dormire non prius cupiditas, quam necessitas fuit, et tamen, cum quiesceret corpus, vigilaret animus: qui frequenter in somnis aut somno interrupta continuat, aut disposita gerit, aut gerenda praenunciat."

3) Haben wir — hoffentlich mit Erfolg — versucht, im Einzelnen einige solcher zuverläßigen Elemente herauszuheben, und besonders haben wir den Nachweis zu liefern gesucht, daß die Apokryphen in den Fällen, wo sie Angaben enthalten, die mit den Lehren und Gebräuchen der katholischen Kirche übereinstimmen, weit entfernt, uns in der gläubigen Annahme derselben wankend zu machen, vielmehr deren Zuverläßigkeit durch ihr Zeugniß noch erhöhen.

4) Liefern die Apokryphen eine Menge anderer Berichte, über die die Kirche sich zwar nicht ausgesprochen, die aber doch vollen Anspruch auf Glaubwürdigkeit haben.

5) Haben wir durch Vorlegung einiger Proben von wahrhaft schönen und trefflichen Ausführungen in den Apokryphen gezeigt, daß diese merkwürdigen Dichtungen aus alter christlicher Zeit, wie gering und schwächlich sie sich auch neben den canonischen Evangelien ausnehmen mögen, doch stellenweise unsere Werthschätzung verdienen.

Im Allgemeinen dürfen wir sagen, daß die apokryphen Schriften zu denjenigen Dingen gehören, welche eine ungläubige und kirchenfeindliche Richtung wohl als scheinbar mächtige Waffen gegen die christliche und insbesondere gegen die katholische Religion in den Kampf führen kann, welche aber einer ernstlichen Vertheidigung gegenüber nicht bloß wirkungslos bleiben, sondern, von den Vertretern katholischer Lehre und katholischen Lebens erbeutet, als Waffen gegen den Feind sich brauchbar erweisen: so ist es mit Allem, was zum Angriffe gegen die Kirche verwandt wird: Naturwissenschaft, Philosophie, Archäologie, Geschichte ꝛc. alles dieses ist nicht ein Arsenal für, sondern gegen unsere Feinde.

Die Principien, welche die katholische Kirche immerdar und auch, wie wir gezeigt, in ihrer Stellung zu den Apokryphen festhält, wenn sie einerseits dieselben als uncanonisch verwirft, andererseits mit ihnen übereinstimmende Lehren und Vorschriften aufstellt, machen Erscheinungen in ihr unmöglich, wie wir sie etwa gegenwärtig in der protestantischen Landeskirche Badens wahrnehmen. Wenn dort zahlreiche

Geistliche den Dr. Schenkel, Verfasser des Charakterbildes Jesu, für unfähig erklären, ein kirchliches Lehramt zu bekleiden und die künftigen Geistlichen für den Kirchendienst vorzubereiten, weil er mit den Grundwahrheiten der christlichen Lehre in Widerspruch trete, so kann er sich immerhin darauf berufen, getreu den formalen Prinzipien des Protestantismus zu verfahren. Mögen liberale Blätter über diesen Zwist spötteln: wir finden hier die unvermeidlichen Consequenzen des unlösbaren Widerspruchs zwischen jenen formalen Prinzipien und dem realen Gehalt der der Kirche anvertrauten göttlichen Wahrheit.